365 méditations sur les chemins de la Bretagne sacrée

Collection dirigée par Alain Noël

www.presses-renaissance.com

ISBN 978.2.7509.0522.4

365 méditations sur les chemins de la Bretagne sacrée

Sélectionnées par Luc Adrian
Photographies d'Yvon Boëlle

PRESSES DE LA RENAISSANCE

« Une terre empreinte de sacré, que les sentiers parcourent comme des artères jusqu'au cœur – jusqu'à son âme intime, modelée comme les statues de granit par des acteurs anonymes. Une terre du bout du monde, que le pèlerin continue de sculpter en la martelant de ses pas : la borne ultime du continent, où se cache un trésor offert à qui le méritera, à la fin de son voyage. »

Gaële de La Brosse

À mes petits-enfants, Loeiza et Malo.
À Hervé Glot, en Bretagne partagée.
Y. B.

En mémoire d'Annik Loiselet, ma grand-mère,
et de Claire Jaouen-Brussieux, ma cousine.
Elles reposent ensemble, aux confins de la terre, de la mer et du ciel.
En Sa paix éternelle.
L. A.

« Dites-moi, mes amis, ce pays vers la mer
Ce pays dans la mer, comment y revenir ? »

Charles Le Quintrec

« Tu m'emportes sur le vent
Et tu me dissous dans une tempête. »

Livre de Job, 31

« Quand on est photographe, on se dit qu'on voit des choses pour la première et la dernière fois. »

Guy Le Querrec

1er janvier

Les chemins de Brocéliande et de l'Argoat

« Le brouillard finit toujours par rendre le paysage qu'il a volé. »

Sylvain Tesson

« Pieds nus dans la campagne bleue, comme un bon Père
Qui tient sa mule par le cou et qui dit ses prières
Je vais je ne sais rien de ma vie mais je vais […]
Je vais loin dans le ciel et dans la nuit des temps
Je marche les pieds nus comme un petit enfant. »

René Guy Cadou

Marcheur solitaire
dans la forêt de Brocéliande.

2
janvier

Les chemins de Brocéliande et de l'Argoat

« C'était deux vitraux dans les murs latéraux du chœur : au nord, la figuration de la Cène, avec Jésus et ses apôtres et l'institution de l'Eucharistie ; au sud, la Table ronde, avec les chevaliers autour d'Arthur et l'apparition du saint Graal porté par des anges. Ainsi, la légende celtique était-elle mise en parallèle avec l'Évangile. »

Jean Markale

« Comment douterais-je de Celui qui contient mon doute comme la chair contient la blessure ? »

Gustave Thibon

Verrière du saint Graal
en l'église de Tréhorenteuc.

APPARITION DU SAINT GRAAL

3
janvier

Les chemins de Brocéliande et de l'Argoat

« Dieu attend là où se trouvent des racines. »

Rainer Maria Rilke

« Vouloir corriger les défauts de caractère d'un homme par des sermons de morale est aussi chimérique que de forcer un chêne à donner des abricots. »

Arthur Schopenhauer

Chêne des Hindrés,
l'un des plus beaux arbres de Brocéliande.

4
janvier

Les chemins de Brocéliande et de l'Argoat

« Et la grande nouvelle au loin s'est répandue,
Et les chênes des bois l'ont dite aux flots des mers
Et celle qu'on croyait à tout jamais perdue
L'espérance bretonne a traversé les airs.
Sur sa lèvre éternelle et qu'on croyait flétrie
Ont sonné tout à coup les chansons d'autrefois ;
On a vu reverdir l'âme de la patrie
Avec les flots des mers et les chênes des bois. »

Anatole Le Braz

Jeux de couleurs sur l'Aff.

5

janvier

Les chemins de Brocéliande et de l'Argoat

« Bretagne bleue, Bretagne noire
les étoiles montent le soir,
pour allumer les arbres bleus
de la forêt de Brocéliande.

Tant d'enchanteurs et tant de fées
sont égarés dans les halliers
que chaque feuille est un mystère
et que chaque arbre est un refuge.

Où êtes-vous, Merlin, Viviane,
toi, Morgane, au Val-sans-Retour
la belle Yseult, et toi Tristan,
sonnant la trompe du chasseur ?

Où donc es-tu, toi, Lancelot,
perdu dans l'ombre de tes rêves,
que cherches-tu, toi, Perceval,
dans ce château de pierre noire ? »

Jean Markale

Le château de Trécesson sous la neige,
« véritable bastion où s'embusque
l'esprit de la Légende » (Philippe Le Guillou).

6

janvier

Les chemins de Brocéliande et de l'Argoat

« Aujourd'hui le pays conserve les traits de son origine : entrecoupé de fossés boisés, il a de loin l'air d'une forêt […] : c'était le séjour des fées, et vous allez voir qu'en effet j'y ai rencontré une sylphide. Des vallons étroits sont arrosés par de petites rivières non navigables. Ces vallons sont séparés par des landes et par des futaies à cépées de houx. Sur les côtes, se succèdent phares, vigies, dolmens, constructions romaines, ruines de châteaux du Moyen Âge, clochers de la Renaissance : la mer borde le tout. Pline dit de la Bretagne : péninsule spectatrice de l'Océan. »

Chateaubriand

Une fée ? « Ménage de la Vierge » en forêt du Huelgoat.

7

janvier

Les chemins de Brocéliande et de l'Argoat

« Ne pas exercer tout le pouvoir dont on dispose, c'est supporter le vide. La grâce comble, mais elle ne peut entrer que là où il y a un vide pour la recevoir, et c'est elle qui fait ce vide. Vide : nuit obscure. Qui supporte un moment le vide, ou reçoit le pain surnaturel, ou tombe. Risque terrible, mais il faut le courir, et même un moment sans espérance. Mais il ne faut pas s'y jeter. »

Simone Weil

Veillée au tombeau de Merlin.

8

janvier

Les chemins de Brocéliande et de l'Argoat

« C'est à la mort de mon père que j'ai senti l'abîme se creuser en moi. Et il faut bien que se créent les abîmes pour que s'y engouffrent les vives forces de vérité. L'eau ne coule jamais que là où se lézarde la terre. »

Xavier Grall

Eaux tumultueuses en Brocéliande.

9

janvier

Les chemins de Brocéliande et de l'Argoat

« Et le Graal était vert. Cela me rappelait la légende selon laquelle le Graal était une coupe taillée dans une émeraude qui se trouvait sur le front de Lucifer, avant la Chute des Anges et qui, détachée du front du Révolté, était tombée sur la terre avant d'être […] transmise de génération en génération jusqu'à Joseph d'Arimathie. C'est dans ce vase d'émeraude que Joseph avait recueilli le sang du Christ lors de la mise en croix. »

Jean Markale

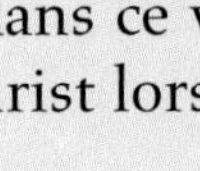

Vitrail de l'église de Tréhorenteuc :
le Graal recueillit le sang du Christ.

10
janvier

Les chemins de Brocéliande et de l'Argoat

« Mon Dieu, j'ai cherché dans les êtres ce que Vous seul pouviez donner, et j'ai été déçu parce que j'avais mal espéré. Mais ma soif, au lieu de s'étancher aux sources d'eau vive, s'est exaspérée de n'être pas rassasiée par les sources terrestres. Le mal que j'ai commis sera-t-il révélé par la lumière ou effacé par l'amour ? Prenez-moi tel que vous m'avez fait et tel que je me suis défait ; ayez pitié en moi de Votre image. Ayez pitié en moi de vous-même… »

Gustave Thibon

La source, au Val-sans-Retour.

11
janvier

Les chemins de Brocéliande et de l'Argoat

« Et m'apparurent les rutilements du trésor, encensoirs, calices, patènes, ciboires, une vaisselle de Graal… Dans l'amoncellement des trésors, une main me saisit. Une main comme un bloc d'argent clouté. Main gigantesque et barbare, écrasante dans la vitrine pourpre. Avec son bracelet de pierres, le Livre dressé, et je me rappelai que toute ma visite des bois avait été mystérieusement tendue vers le Livre. »

Philippe Le Guillou

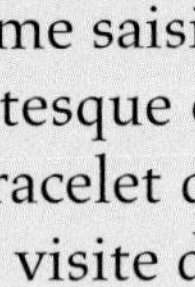

Le trésor de l'abbaye de Paimpont.

12
janvier

Les chemins de Brocéliande et de l'Argoat

« Vis le jour d'aujourd'hui, Dieu te le donne, il est à toi. Vis-le en Lui. Le jour de demain est à Dieu, il ne t'appartient pas. Ne porte pas sur demain le souci d'aujourd'hui. Demain est à Dieu : remets-le Lui. Le moment présent est une frêle passerelle : si tu le charges de regrets d'hier, de l'inquiétude de demain, la passerelle cède et tu perds pied.

Le passé ? Dieu le pardonne. L'avenir ? Dieu le donne. »

Prière trouvée sur une religieuse
assassinée en Algérie

À Coët Sulan, le pont primitif sur le Brandifrout.

13

janvier

Les chemins de Brocéliande et de l'Argoat

« Ne fouillent pas le même humus
nos racines,
ni ne s'abreuvent
à la même lumière nos feuilles,
mais nos branches
peuvent
s'entremêler, nos oiseaux, s'échanger. »

Gilles Baudry

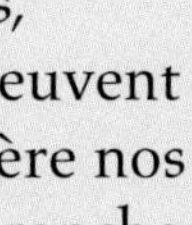

Lac de la fée Viviane et château
de Comper-en-Brocéliande.

14
janvier

Les chemins de Brocéliande et de l'Argoat

« Si nous ne pouvons affirmer aucune valeur, tout est possible et rien n'a d'importance [...], l'assassin n'a ni tort ni raison. On peut tisonner les crématoires comme on peut aussi se dévouer à soigner les lépreux. »

Albert Camus

« Quand un homme se détourne de Dieu, il se livre simplement à la pesanteur. Il croit ensuite vouloir et choisir, mais il n'est qu'une chose, une pierre qui tombe. »

Simone Weil

Chevalier en quête dans la forêt de Brocéliande.

15
janvier

Les chemins de Brocéliande et de l'Argoat

« J'ai fini par comprendre que le silence qui enveloppe l'épreuve et qui est si lourd, parfois, est le signe de Dieu. La solitude du cœur, le désert sont toujours la marque qu'Il veut que nous Le regardions Lui seul. »

Geneviève de Gaulle Anthonioz

Flamboiement de la forêt en automne.

16

janvier

Les chemins de Brocéliande et de l'Argoat

« Loin dans le temps l'hiver allume sa mansarde.
Les fleurs du jour qui tombent dans la nuit
Les larmes d'or que la mer engloutit
Forment l'humus où germent les soleils.
Sur tout l'onde éternelle étale son glacis.
La vie, la mort sont une même flamme. »

Louis Guillaume

Aurore sur le lac de Viviane.

17

janvier

Les chemins de Brocéliande et de l'Argoat

« J'ai toujours su que l'essence du royaume celtique se condensait dans ses deux extrêmes, forestier et marin. Le sanctuaire d'arbres et les cités-sentinelles dont l'étrave se fracasse dans l'écume du large. Le grand vaisseau des bois et les nefs pierreuses qui dominent les lames : Brocéliande et Ys. Notre Armorique, qui n'est qu'un fragment dans la cartographie du royaume celtique, ne se laisse vraiment saisir qu'en ces deux portes d'infini. »

Philippe Le Guillou

La forêt bleue.

18
janvier

Les chemins de Brocéliande et de l'Argoat

« Il est de ces jours sourdement mauvais où les hommes, tous les hommes, même ceux qui nous sont les plus familiers, nous paraissent ignobles et grotesques [...]. Ces jours-là, il faut passer bien vite notre chemin : la région de disgrâce que nous traversons alors n'est pas autour de nous, mais en nous-même. »

François Cassingena-Trévedy

Église Saint-Gilles de Malestroit.

MERCERIE

19 janvier

Les chemins de Brocéliande et de l'Argoat

« Il mûrit très lentement en moi, ces derniers temps, un "abandon", une confiance vraiment très grande. Un sentiment d'être à l'abri dans ta main, mon Dieu. Je ne suis plus aussi souvent coupée de ce profond courant sous-jacent qui est en moi. Quand je suis d'humeur folâtre et exubérante, cela n'a rien de forcé ni de débridé, mais c'est fondé, au contraire, sur la certitude de ce courant. J'ai cessé de me heurter continuellement aux arêtes vives du jour. »

Etty Hillesum

Argoat, le pays des bois.
L'arbre, la roche et l'eau.

20

janvier

Les chemins de Brocéliande et de l'Argoat

« Au nom du Père, et du Fils, et du Saint-Esprit. Amen.
Celui qui n'aime pas son frère est maudit sept fois, et celui qui se fait l'ennemi de son frère est maudit septante fois sept fois.
C'est pourquoi les rois et les princes et tous ceux que le monde appelle grands ont été maudits : ils n'ont point aimés leurs frères, et il les ont traités en ennemis.
Aimez-vous les uns les autres, et vous ne craindrez ni les grands, ni les princes, ni les rois.
Ils ne sont forts contre vous que parce que vous n'êtes point unis, que parce que vous ne vous aimez point comme des frères les uns les autres. »

Félicité de Lamennais

La table ronde et le saint Graal.
Tableau en l'église de Tréhorenteuc.

21

janvier

Les chemins de Brocéliande et de l'Argoat

« Ce qui se passera de l'autre côté, quand tout pour moi aura basculé dans l'Éternité ?
Je ne le sais pas ! Je crois seulement qu'un grand Amour m'attend.
C'est vers un Amour que je marche en m'en allant,
c'est un Amour qui me prend paisiblement. »

Saint Jean de la Croix

Lueurs de l'aube sur le lac de Comper.

22
janvier

Les chemins de Brocéliande et de l'Argoat

« À force de sacrifier l'essentiel pour l'urgent, on finit par oublier l'urgence de l'essentiel. »

Edgar Morin

« Quand on est trop occupé, le temps n'a plus le temps de passer. »

Sylvain Tesson

Marcheurs dans le Val-sans-Retour.

23
janvier

Les chemins de Brocéliande et de l'Argoat

« Écoutez mon humble prière, ô bonne Notre-Dame de Toute-Aide. Guérissez-moi de toute misère du corps et de l'âme. Fortifiez ma foi et accroissez ma charité, afin que, confiant en votre pouvoir, je vous retrouve un jour dans la gloire du Paradis, aux côtés de votre Divin Fils, Notre-Seigneur Jésus-Christ, qui vit et règne avec le Père et le Saint-Esprit dans les siècles des siècles. Ainsi soit-il. »

Bretons au pardon de Notre-Dame de Toute-Aide, à Querrien.

SITA

24

janvier

Les chemins de Brocéliande et de l'Argoat

« Les peuples ne perdent la vie que lorsqu'ils perdent la mémoire. »

Maréchal Foch

« Pour être sauvé, il suffit qu'un homme ait posé dans sa vie un seul acte de pitié. Ne serait-ce qu'en regardant son enfant avec tendresse, car alors il a, d'une certaine manière, "confessé" qu'il y avait quelque chose ou quelqu'un de plus grand que lui. »

Bernard Bro

Gisant de Marguerite de Rohan
en la basilique Notre-Dame-du-Roncier,
à Josselin.

25
janvier

Les chemins de Brocéliande et de l'Argoat

« Pourtant, si la Bretagne déborde de mélancolie, il y a quelque plaisir à partir à sa rencontre. Son ciel bouge, ses mers chantent, ses arbres processionnent. Désertez les plages. C'est à ses secrètes profondeurs qu'il faut aller. […] C'est un pays de brume et de vent en bataille, avec des toponymes aussi fluides que des ondées, aussi sonores que des gongs. »

Xavier Grall

« Mettez-moi à l'épreuve et j'ouvrirai pour vous les écluses du Ciel. »

Livre de Malachie 3, 10

Marche sous la pluie, le long du canal de Nantes à Brest.

26

janvier

Les chemins de Brocéliande et de l'Argoat

« Se faire incrédule parce que des fous et des méchants ont abusé de la religion, c'est se faire eunuque parce que des libertins ont pris la vérole. »

Benjamin Constant

« La religion est la forme sous laquelle les races celtiques dissimulent leur soif d'idéal, mais l'on se trompe tout à fait quand on croit que la religion est pour elles une chaîne, un assujettissement. Aucune race n'a le sentiment religieux plus indépendant. »

Ernest Renan

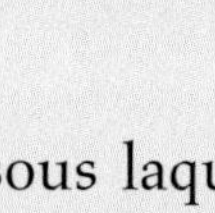

Le pardon de Josselin « processionne » sous le château des Rohan.

NOTRE DAME DU RONCIER PRIEZ POUR NOUS
AVE
AVE
CARITAS CUM FIDE

27
janvier

Les chemins de Brocéliande et de l'Argoat

« Nous serons toujours plus grands que les arbres
Nos fruits nous ressemblent
Et quand par malheur ils tombent
C'est le bruit d'un cœur qui se brise
Savez-vous que la terre en tremble ? »

Marc Baron

« Personne n'exige de moi que je réussisse, mais seulement que je franchisse un pas en direction de la lumière. »

Christiane Singer

Berges du Scorff près de Pontcallec.

28
janvier

Les chemins de Brocéliande et de l'Argoat

« Ces mâchoires par milliers autour de moi qui grincent, lève-toi, Seigneur, accours !
Accours, tape dedans, Ton poing à l'œuvre au travers de ces mâchoires endentées qui mordent !
Le salut, c'est Lui qui est le salut, et moi, je suis un peuple à n'en plus finir sous Sa bénédiction. »

Psaume 3 (traduit par Paul Claudel)

Les pêcheurs sauvés de l'enfer : détail du retable de la Houssaye, près de Pontivy.

29
janvier

Les chemins de Brocéliande et de l'Argoat

« Ici, les monuments chrétiens, à l'image des mégalithes, et sans doute par obéissance à un vouloir du celtisme, s'intègrent dans le paysage. [...] Ils se pelotonnent, le plus souvent, à l'abri de quelques arbres, dans un enclos, au bout d'un mail, mais leur place n'en est pas moins étudiée avec soin. Comme il y a un art japonais des bouquets, il y a un art breton de la mise en site des chapelles, des églises et des calvaires qui est le fait d'un peuple aux yeux grands ouverts, vivant en plein accord avec les énergies et les merveilles du cosmos. »

Henri Queffélec

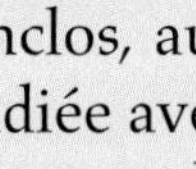

La chapelle Saint-Antoine-en-Lanrivain.

30
janvier

Les chemins de Brocéliande et de l'Argoat

« Le consentement est l'essence même de Marie. Le grand O de son Oui est l'œil de cette Source, la bouche de ce Puits. Par ce mot minuscule, elle a décrit un cercle immense autour d'elle, et libre au milieu, elle danse. »

François Cassingena-Trévedy

« *Crede ut intelligas/intellige ut credas.* »
« Crois pour comprendre et comprends pour croire. »

Saint Augustin

La Vierge couchée du Giaudet,
Côtes-d'Armor.

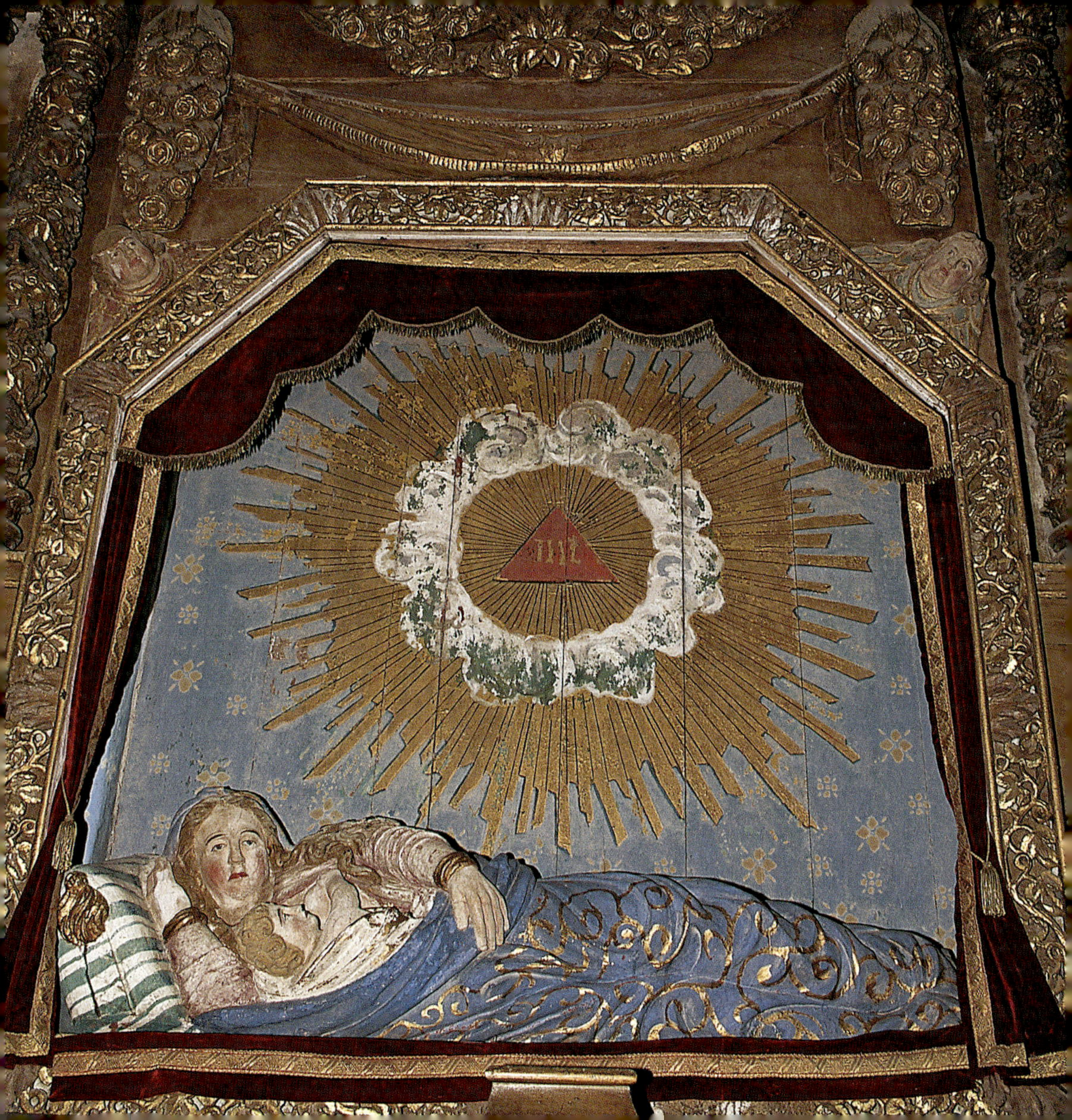

31
janvier

Les chemins de Brocéliande et de l'Argoat

« Enseigne à ton corps à mourir en marchant. Enseigne-lui pas à pas la nature de toute chose qui est de passer. Que toute chose désirable dise à tes yeux je ne t'appartiens pas. »

Lanza del Vasto

« Quitter sa maison, sac au dos, bâton à la main, n'est pas aussi simple qu'on veut bien le dire. [...] Bref, l'unique conseil qui vaille en la matière est de tourner la clé le plus vite possible et de multiplier les pas. Sans se retourner. »

Jean-Claude Bourlès

Marcheur du Tro Breiz quittant Josselin. Ce pèlerinage consiste à relier les sept évêchés fondateurs de la Bretagne.

1er février

Les chemins du golfe du Morbihan

« Je connais les feux sacrilèges
des païens et des insoumis,
je retrouve les sortilèges
des archipels de la Celtie ;
je sais le nom des tours
qui surgissent la nuit
dans leur éclat de pourpre,
de carmin et de sang
et je devine sur les poupes
le pays des cargos amis ;
j'entends sonner parfois
les carillons pervers
des cathédrales englouties
et je découvre sur la mer
le falot des bateaux maudits [...]
Voici notre royaume immobile et multiple,
de vent, de ciel et d'océan. »

Louis Le Cunff

Dernier repos au fond du golfe,
au lieu-dit Le passage en Saint-Armel.

BIC Sport

2
février

Les chemins du golfe du Morbihan

« *Homo viator*, le pèlerin du Tro Breiz se découvre *moriturus viator* : car son entreprise le hisse vers une autre dimension, symbolisée par le cercle qu'il dessine sur la terre. Telle la crosse des évêques dont il honore la mémoire, son bourdon est là pour le lui rappeler, à chaque pas : antenne dressée vers le ciel, il lui signale sa vocation. Une vocation livrée au risque du chemin et au hasard des rencontres, placées sous le signe de l'abandon et du renoncement. Ne s'agit-il pas de s'alléger afin de se préparer au dépouillement final ? »

Gaële de La Brosse

Crosse en ivoire du XIIe siècle, trésor de la cathédrale de Vannes.

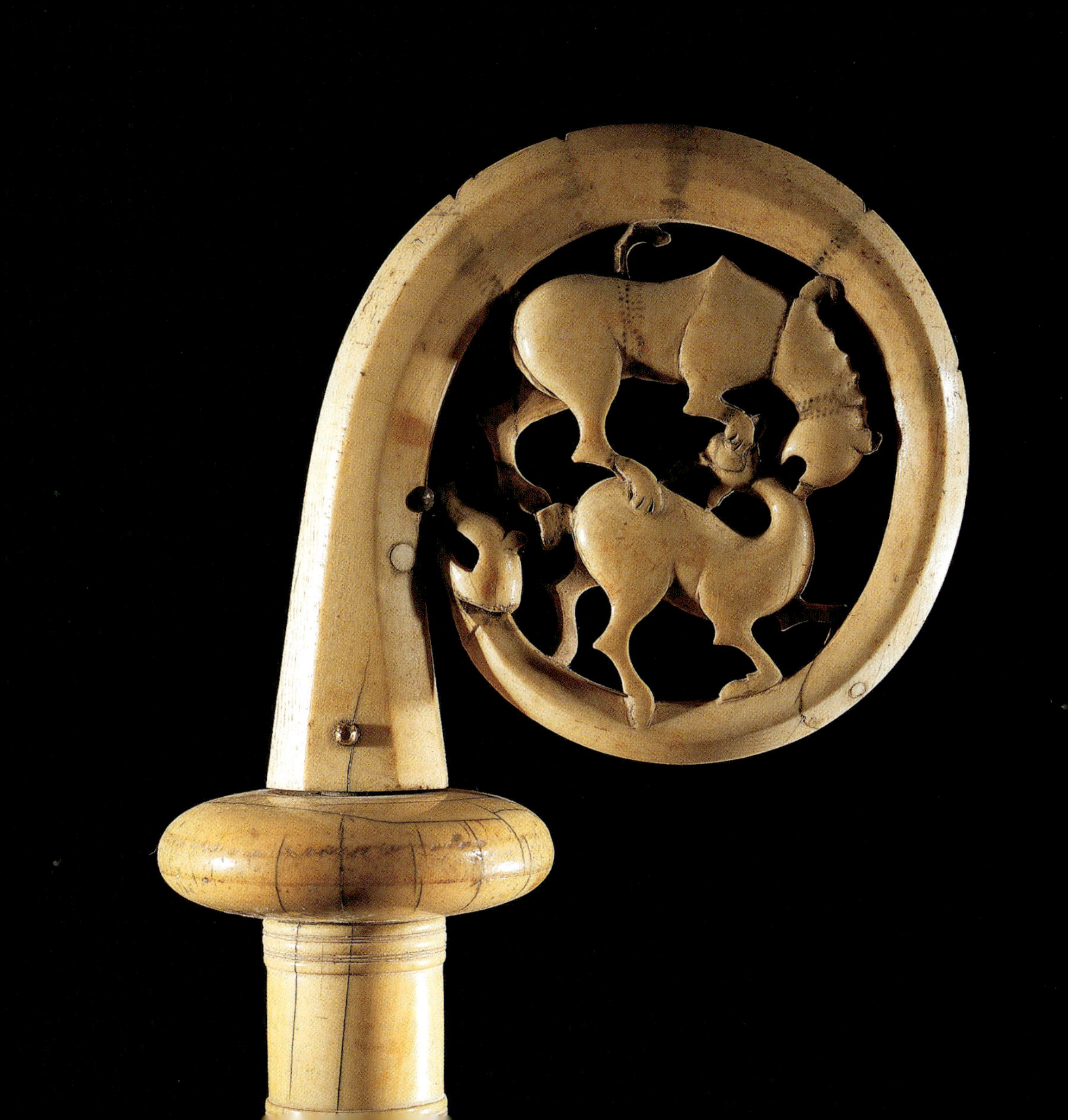

3
février

Les chemins du golfe du Morbihan

« La Bretagne attire parce qu'elle est une terre de mystère et de forces, parce qu'elle est antique sans être romaine, bref, parce qu'elle renvoie à un passé supposé tumultueux qui entête, quelque attaché que l'on demeure au classicisme et aux échos prestigieux des civilisations grecque et latine. La Bretagne est ressentie comme la France d'avant la France. »

Alexandre Hurel

Dalles gravées du tumulus
de l'île de Gavrinis, golfe du Morbihan.

4
février

Les chemins du golfe du Morbihan

« La mouette est un éclat de rire, habillé de blanc, qui se moque de la gravité. »

Sylvain Tesson

« Ce pays n'est beau que pour les grandes âmes ; les gens sans cœur n'y vivraient pas ; il ne peut être habité que par des poètes ou par des bernicles [...]. D'un côté, la mer ; ici, des sables ; en haut, l'espace. »

Honoré de Balzac

Goéland marin.

5
février

Les chemins du golfe du Morbihan

« Qui n'a jamais "perdu pied" ne sait pas ce que c'est que de "tendre la main".
Qui n'a jamais tendu la main en criant "au secours", ne sait pas qu'une autre main peut secourir.
Qui a tendu la main en criant "au secours" entendra, laissera d'autres mains se tendre vers les siennes. »

Paul Baudiquey

Le vœu de Grégoire Collet, tableau ex-voto du XVIIIe siècle, trésor de la basilique Sainte-Anne d'Auray.

6
février

Les chemins du golfe du Morbihan

« Une femme n'assortit pas mieux les éléments de son élégance, un photographe ne « cadre » pas ses personnages avec plus de bonheur, que le sculpteur ou le constructeur bretons ne disposaient leur chapelle ou leur calvaire par rapport aux formes, aux teintes, à l'ambiance, du coin de sol avec lequel leurs pierres allaient accomplir un bout de chemin dans les siècles. »

Henri Queffélec

Jeune fille en costume traditionnel du pays d'Auray.

7

février

Les chemins du golfe du Morbihan

« En venant ici, pourtant, j'espérais quitter à jamais le versant dérisoire de l'attente. Cette façon de tendre l'oreille et de retenir son souffle : l'essentiel de ma vie depuis tant d'années [...]. Je pensais qu'au phare l'attente prendrait une autre forme. Si quelque chose doit surgir, ce ne peut être que du fond de moi. Et voilà que je guette encore, comme si on allait frapper à la porte. Au fond, rien ne bouge. Il ne se passera rien. »

Jean-Pierre Abraham
(ancien gardien du phare d'Armen)

Phare des Poulains, situé à l'extrémité ouest de Belle-Île, sur l'îlot des Poulains.

8
février

LES CHEMINS DU GOLFE DU MORBIHAN

« Moi je crois aux saints et aux héros, les autres m'emmerdent… »

Xavier Grall

« Il est bon de penser qu'il y a dans le monde des dévouements obscurs, des saints dont les noms ne seront jamais révélés et qui sont plus grands, parfois, que ceux que l'on honore. »

Jean Guitton

Yvon Nicolazic, paysan à qui
sainte Anne apparut le 25 juillet 1624.
Vitrail dans sa maison natale.

9

février

Les chemins du golfe du Morbihan

« L'humble convertit l'humiliation en humilité. »

Saint Bernard

Sœurs dominicaines du Saint-Esprit chantant les vêpres autour de la fontaine de Saint-Cado, ria d'Étel.

10
février

Les chemins du golfe du Morbihan

« Que j'aime à contempler dans cette anse écartée
La mer qui vient dormir sur la grève argentée,
Sans soupir et sans mouvement !
Le soir retient ici son haleine expirante
De crainte de ternir la glace transparente
Où se mire le firmament. »

Alphonse de Lamartine

L'îlot Quistinic, dans le golfe du Morbihan.

11

février

Les chemins du golfe du Morbihan

« Je voudrais, face à la vie, vous savoir sans crainte et sans tremblement. Si Dieu vous l'a donnée cette vie, c'est qu'elle est bonne et féconde. L'athéisme est un recroquevillement, une barque immobile. La foi est porte ouverte, seuil franchi, affranchissement, bruit des pas sur la route, bonne brise, voilier filant aux îles. Mes Divines, la foi est aventure, vent claquant, souffle, envolée de colombes, voile gonflée. Partez, partez au nom de Dieu. »

Xavier Grall

À bord du *Forban*, bateau de travail du port du Bono, rivière d'Auray.

12
février

Les chemins du golfe du Morbihan

« Pierre je compatis à ta vie lente et dure
[…] Règne du minéral ouvre-moi ton église
Et travaillons ensemble à refuser l'hiver
Pierre levée nous prévaudrons contre l'enfer
Le diable et ses petits ricanements dans la brise
Et qu'ils fassent leurs dents leurs ongles sur nos chairs
Qui durent lentement debout face à la mer. »

Angèle Vannier

Grand menhir orné d'une hache à sa base, Arzon.

13
février

Les chemins du golfe du Morbihan

« Et Marie de mes beaux navires,
Marie étoile de la mer,
Me voici triste et bien amer
D'avoir si mal tenté de vous dire ;

Car vous êtes beaucoup plus belle
– Et le savent les matelots –
Que ce pauvre chant mal à flot,
Car vous êtes beaucoup plus belle.

[…] Et, Marie, soyez bénévole
A ces syntaxes mal au clair,
Où vous sauront mes gens de mer
Experte aux simples paroles,

Car je ne suis point l'infidèle
Pour vous avoir mal et peu dite,
Marie, qui savez que tacites
Sont ceux des voiles et des ailes. »

Max Elskamp

La statue de Notre-Dame de Kerdro veille sur l'entrée du golfe du Morbihan à la pointe de Kerpenhir.

14
février

Les chemins du golfe du Morbihan

« L'Amour m'a souhaité la bienvenue mais mon âme effarouchée
Ployant sous la fatigue et le poids du péché, a reculé.
Mais l'Amour, à qui rien n'échappe, a vu ma lassitude
Dès que je suis entré.
Il s'est approché et m'a demandé dans sa sollicitude
Ce qu'il me manquait.

Il manque un hôte, ai-je répondu, digne d'être ici.
L'Amour m'a dit : Ce sera toi… »

George Herbert

Bannières anciennes et modernes
au pardon de Sainte-Anne d'Auray.

JOIE
24 juin
1990

15
février

Les chemins du golfe du Morbihan

«… Je ne suis pas digne de lever les yeux sur Vous.
L'Amour m'a pris par la main et m'a souri :
Ces yeux, n'est-ce pas Moi qui te les ai donnés ?
C'est vrai Seigneur, mais je les ai souillés
Laissez-moi à ma honte et mon indignité.
Ne sais-tu pas qui a porté ce fardeau ? m'a répondu l'Amour.
En ce cas Seigneur, je veux Vous servir à jamais.
Assois-toi, m'a dit l'Amour, et prends place à ma table.
Alors j'ai obéi et je me suis rassasié. »

George Herbert (suite et fin)

Le lavement des pieds, XVIIe siècle, mur peint en la chapelle Notre-Dame-de-Recouvrance, Ploëmel.

16
février

LES CHEMINS DU GOLFE DU MORBIHAN

« Je faisais voile vers des îles connues de moi seul, où je serais proclamé roi des fourmis et des crabes, empereur des tortues de mer… à moins qu'un chef anthropophage n'ait décidé de m'y croquer. »

Jean Orizet

« Quand le Christ monte dans la barque, la tempête se déchaîne. »

Martin Luther

Voilier doublant l'île de la Jument, golfe du Morbihan.

17
février

Les chemins du golfe du Morbihan

« Ce n'est pas le destin qui frappe à la porte : c'est Jésus-Christ qui frappe à la porte de ce que nous appelions le destin, et qui le fait voler en éclats. »

François Cassingena-Trévedy

« Les hommes ne vivent pas que de pain, mais ils ne sont pas faits non plus pour habiter des maisons de fer et de ciment, matériaux préférés des prisons. Il faut que leurs maisons puissent leur "aller" comme leur va l'habit qu'ils portent, qu'elles soient faites à leur mesure. »

Louis Guilloux

Chaumière morbihannaise.

18

février

Les chemins du golfe du Morbihan

« Quoi que je fasse, je l'entends – comme une note dans les lointains qui longuement résonne et mon cœur se serre de nostalgie, tandis que son grondement enfle à toute vitesse, envahit l'espace, et je suis de nouveau l'enfant effaré sur cette côte bretonne qui écoutait, dans les nuits de plein vents, les forces de la création danser la sarabande : je suis né de ce dialogue et de ce combat entre terre et mer. Et Bretagnes, je le crains, ne seront jamais que les noms multiples de ce mystère en moi… »

Michel Le Bris

Un grain sur la côte sauvage de Quiberon.

19

février

Les chemins du golfe du Morbihan

« Mène-t-elle encore loin, vieux père, la "route verte" où nous voici ?
— Dans mon enfance, les anciens prétendaient qu'elle mène au Ciel. Seulement, il fallait la suivre jusqu'au bout, à travers les sept évêchés… »

Anatole Le Braz

« L'homme naît de ses douleurs puis de sa marche en avant. Où donc irais-je moi-même, poussé par mon insatiable besoin de routes et de prières ? »

Xavier Grall

Marcheurs du Tro Breiz.

Pont de Brec'h
Le Loch

20
février

Les chemins du golfe du Morbihan

« L'on ne peut se prétendre bon prédicateur que l'on ne soit capable de prêcher aux enfants, et non pas seulement aux enfants, mais encore aux oiseaux ; que l'on ne soit capable d'instruire de telle sorte que les enfants puissent instruire les oiseaux à leur tour. La Parole ne se donne que petit à petit. De petit à petit. »

François Cassingena-Trévedy

Une pause à l'île de Houat.

BUVETTE

21
février

Les chemins du golfe du Morbihan

« Il y a des lieux où souffle l'Esprit, mais il y a un Esprit qui souffle en tous lieux. »

Madeleine Delbrêl

« L'écume est la sueur de l'eau qui s'agite. »

Sylvain Tesson

Tempête sur la côte sauvage.

22 février

Les chemins du golfe du Morbihan

« Tu voyages beaucoup, tu es à l'affût de tout : si tu n'as pas croisé le regard de Dieu, tu n'as rien vu. »

Angelus Silesius

« Où seras-tu
À l'heure du grand voyage
Pour moi qui ne suis pas
Chandelier du missel ?

M'aideras-tu
À joindre les mains
Pour croire à ton retour ? »

Jean-Albert Guénégan

Les « gars » de la Marine portant
la statue vénérée de sainte Anne d'Auray
lors du pardon du 26 juillet.

ALTAÏR

23
février

Les chemins du golfe du Morbihan

« Trois jardins ont entouré le destin de l'humanité. Il y eut celui du Paradis, celui de l'Agonie et celui de la Résurrection. Ils n'ont pas tous le même ordre dans nos vies, mais impossible qu'il n'y ait pas les trois. »

Bernard Bro

« Tous les êtres humains trébuchent un jour sur la vérité. La plupart se relèvent rapidement, secouent leurs vêtements et retournent à leurs occupations, comme si de rien n'était. »

Winston Churchill

Maison à Port-Navalo, golfe du Morbihan.

24 février

Les chemins du golfe du Morbihan

« Abandonné, lié de toutes parts d'entraves,
Sur le rivage mort où je suis exilé,
Je n'apercevais plus, partout, que mes épaves.
Mon Dieu, venez remplir ce néant désolé ! »

Louis Le Cardonnel

« Dieu façonne l'homme comme la mer façonne les continents, en se retirant. »

Friedrich Hölderlin

Thonier d'Étel au repos
après une vie bien remplie.

25
février

Les chemins du golfe du Morbihan

« Ils ne sont pas tous dans la mer
Au bord de la mer
Les rochers
Mais ceux qui sont au loin
Égarés dans les terres
Ont un ennui plus bas,
Presqu'au bord de l'eau. »

Eugène Guillevic

Alignement mégalithique de Kermario, Carnac.

26

février

Les chemins du golfe du Morbihan

« Nous sommes les enfants du vent
Nous parlons de la mer en chantant
Nous avons les ports et les bateaux
La presqu'île est notre berceau
Nous sommes les enfants du vent
Nous aimons la mer et les chants
Avec notre cœur, nous vous offrons
Un peu de bonheur, par nos chansons. »

Chanson de marin d'Édouard Lofficial

« Larguez les voiles ».
À bord du *Krog a Barz*,
ancien langoustier à Port-Navalo.

27
février

Les chemins du golfe du Morbihan

« Que sont ces gouttes d'huile dans nos lampes ? Ce sont les petites choses de la vie de tous les jours : la joie, la générosité, les petites paroles de bonté, simplement aussi une pensée pour les autres, notre manière de faire silence, d'écouter, de regarder, de pardonner, de parler et d'agir. Voilà les véritables gouttes d'amour qui font brûler toute une vie d'une vive flamme. »

Mère Teresa

Veillée à Sainte-Anne d'Auray lors du pardon.

28
février

Les chemins du golfe du Morbihan

« Dans le temps même qu'ils édifiaient ou composaient leurs œuvres, les artisans artistes de Bretagne veillaient à obtenir pour elles du climat, de la végétation et du relief l'exact et profond accompagnement d'air et de lumière, de couleurs et de masses, qui leur permit de créer avec elles un très digne *Paysage au monument sacré*. Le gris argent et le lichen d'une écorce de hêtre, le cri bleu de l'azur entre un toit d'ardoises et les cimes des ormes, un bruit d'horloge, le départ sinueux d'un sentier, tout collaborait avec leur dessein… »

Henri Queffélec

Chapelle Notre-Dame de Becquerel,
Le Bono.

1er

mars

Les chemins de la vallée du Blavet à Lorient

« Rien qu'aujourd'hui, j'essaierai de vivre exclusivement la journée sans tenter de résoudre le problème de toute ma vie.
Rien qu'aujourd'hui, je ne critiquerai personne. Et ne prétendrai redresser ou discipliner personne, si ce n'est moi.
Je serai heureux rien qu'aujourd'hui, dans la certitude d'avoir été créé pour le bonheur, non seulement dans l'autre monde, mais aussi dans celui-ci.
Rien qu'aujourd'hui je m'adapterai aux circonstances, sans prétendre que celles-ci se plient à tous mes désirs.
Rien qu'aujourd'hui, je ferai une bonne action, et je n'en parlerai à personne… »

Jean XXIII

Le Blavet, belle rivière bretonne canalisée qui relie Pontivy à Lorient.

2

mars

Les chemins de la vallée du Blavet à Lorient

«… Rien qu'aujourd'hui, j'établirai un programme détaillé de ma journée.
Et me garderai de deux calamités : la hâte et l'indécision.
Rien qu'aujourd'hui, je ferai au moins une chose que je n'ai pas envie de faire, et, si j'étais offensé, j'essaierai que personne ne le sache.
Rien qu'aujourd'hui, je croirai fermement, même si les circonstances prouvent le contraire, que la bonne Providence de Dieu s'occupe de moi, comme si rien d'autre n'existait au monde.
Rien qu'aujourd'hui, je ne craindrai pas. Et tout spécialement, je n'aurai pas peur d'apprécier ce qui est beau, et de croire en la bonté. »

Jean XXIII (suite et fin)

Jean-Yves et Isabelle,
bateliers de la *Nin'Arion* sur le Blavet.

3
mars

Les chemins de la vallée du Blavet à Lorient

« Alors l'enfant redressa la tête, il joignit les mains, il leva vers Dieu ses mains jointes et il dit, comme un cri de détresse et d'appel : "Ah ! mon Dieu, mon Dieu, cette larme aussi, mets-là dans ta coupe, dans ta coupe aux larmes pour que ton règne vienne, pour qu'il vienne enfin et qu'il n'y ait plus de larmes." »

Alain Houziaux
(d'après une prière de Simon Frug)

Les miracles de sainte Barbe,
verrière de la chapelle Sainte-Barbe,
Le Faouët.

DON, DE Mr L'ABBE CUDENNEC
VICAIRE GÉNÉRAL DE LA MARTINIQUE
FAB. DU CARMEL

4

mars

Les chemins de la vallée du Blavet à Lorient

« Si la chanson est à l'ordre du jour, la poésie reste au service de la nuit. »

Georges Perros

« Le visiteur n'entre pas ici dans des musées, des centres culturels ni des "demeures historiques", mais dans des sanctuaires. Des endroits où l'on a beaucoup prié et où l'on continue de le faire. »

Henri Queffélec

Nuit d'hiver et de lumière
sur l'oratoire Saint-Michel-du-Faouët
lors de la Sainte-Barbe.

5

mars

Les chemins de la vallée du Blavet à Lorient

« Ils avaient fait l'amour
Comme on fait une prière
Des mains qui communient
Des phrases somptuaires
Et leurs corps peu à peu
Tout comme l'océan
Se firent fastueux
Comme le fond des rêves
Jusques au bout des grèves
Quand la marée descend. »

André Guéguan

Le clocher-porche de la chapelle Saint-Nicodème (XVIe siècle), à Pluméliau, haut de 48 mètres, domine tout le pays.

Chapelle de
St Nicodème (XVIe)

6

mars

Les chemins de la vallée du Blavet à Lorient

Avoir un cœur pour s'éclairer
reprendre haleine comme flamme

graver l'empreinte des blessures
en filigrane des couchants

porter en soi une musique
écho des sources traversières

vaille que vaille laisser sourdre
en même temps l'eau et la soif

obstinément chercher asile
entre l'espace et la maison

en ce terreau prendre racine
fleurir après la semaison

agir ainsi ô pèlerin
est bien dans l'ordre des saisons.

Gilles Baudry

Eaux vives, écluse du Blavet.

7 mars

Les chemins de la vallée du Blavet à Lorient

« Ici naquit Georges Machin
Qui pendant sa vie ne fut rien
Et qui continue.
Il aura
Su tromper son monde en donnant
Quelques fugitives promesses
Mais il lui manquait c'est certain
De quoi faire qu'on le conserve
En boîte d'immortalité.
Prendre l'air était son métier. »

Georges Perros

Poul Fétan, village du XVIe siècle
dont les chaumières ont été restaurées.

8

mars

Les chemins de la vallée du Blavet à Lorient

« Il n'est que d'entrouvrir la porte d'une auberge
Pour retrouver dans la fraîcheur du souvenir,
Quelqu'un qui te ressemble. Il a quitté la berge
Avec, entre ses mains, ce qu'il a pu cueillir
De baies, d'or, de genêts, de duvets, de saphirs,
Avec, dans le regard, ce qui peut réunir
Deux enfants égarés dans un désert de neige. »

Michel Manoll

9

mars

Les chemins de la vallée du Blavet à Lorient

« Avant de parler, considère : premièrement ce que tu dis, deuxièmement pourquoi tu le dis, troisièmement à qui tu le dis, quatrièmement de qui tu le tiens, cinquièmement ce qui résultera de tes paroles, sixièmement quel profit en découlera, septièmement qui écoutera ce que tu diras.
Mets alors tes paroles sur le bout de ton doigt et tourne-les de ces sept manières avant de les exprimer : aucun mal ne résultera jamais de tes paroles. »

Le sage Cadoc

Le sourire du Morbihan :
jeune fille de Poul Fétan portant
le costume traditionnel.

10

mars

Les chemins de la vallée du Blavet à Lorient

« On fait la queue devant le Paradis
Pas si vite doucement
Ne vous bousculez pas
D'abord il faut avoir l'air d'un saint
Mais ne pas l'être
N'être ensuite ni saint ni en avoir l'air
Après il faut être saint mais sans le laisser paraître
Et c'est tout à la fin seulement
Qu'un saint ressemble à un saint
Dépêchons-nous d'aimer. »

Jan Twardowski

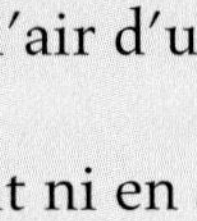

Retable du chœur, chapelle Saint-Nicodème, à Pluméliau.

Sᵀ CORNELIE
Nᴇ Dᴇ LORETTE

11
mars

Les chemins de la vallée du Blavet à Lorient

« Au milieu du cosmos se dresse l'homme, car il est plus important que toutes les autres créatures qui demeurent dépendantes du monde. Bien qu'il soit certes, petit de taille, il est cependant puissant par la force de son âme. Sa tête est dirigée vers le haut et ses pieds s'appuient sur un fondement ferme. Il peut donc mettre en mouvement aussi bien les choses les plus élevées que les plus basses. »

Sainte Hildegarde

Le grand menhir de l'Étoile,
en forêt de Camors.

12
mars

Les chemins de la vallée du Blavet à Lorient

« La vraie vie n'est pas toujours en mer. L'amour humain est un océan plus vaste que l'océan. Le regard d'une femme ou d'un enfant, un rendez-vous plus troublant que celui des ciels marins. A trop vouloir sortir de la vie courante, on risque vraiment d'en sortir. À trop vouloir s'échapper, embrasser les virtualités irréalisées d'un moi jamais tout à fait là, tout à fait ailleurs, on court à sa perte, inévitablement. On aimerait bien vivre d'autres vies, découvrir ce qu'on aurait pu être. On aura d'autres vies pour le découvrir. »

Yann Queffélec

Bâtie sur une colline,
la chapelle Notre-Dame-de-Quelven,
à Guern.

13

mars

Les chemins de la vallée du Blavet à Lorient

« Nous avons près de nous, j'en suis persuadé, des anges véritables, des anges gardiens, qui nous portent secours, nous conseillent, nous éclairent, nous évitent de sombrer et, quand nous sombrons, ne se contentent pas de s'affliger mais n'ont de cesse qu'ils ne nous aident à remonter du fond des abîmes où nous sommes tombés. »

Dominique Ponnau

Ange sculpté à Saint-Fiacre du Faouët.

14

mars

Les chemins de la vallée du Blavet à Lorient

« Mon Dieu, source sans fond de la douceur humaine,
Je laisse en m'endormant couler mon cœur en Vous
Comme un vase tombé dans l'eau de la fontaine

Et que Vous remplissez de Vous-même sans nous.
En Vous demain matin je reviendrai le prendre
Plein de l'amour qu'il faut pour la journée. Ô Dieu,
Il n'en tient guère, hélas ! Vous avez beau répandre
Vos flots en lui, jamais il n'en garde qu'un peu... »

Marie Noël

15

mars

Les chemins de la vallée du Blavet à Lorient

« … Mais renouvelez-moi sans fin ce peu d'eau vive,
Donnez-le moi dès l'aube au pied du jour ardu,
Et redonnez-le-moi lorsque le soir arrive,
Avant le soir, Seigneur, car je l'aurai perdu. »

Marie Noël (suite et fin)

« La foi nait habillée, elle meurt nue. »

Marcel Légaut

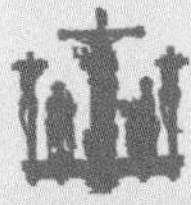

Au bord du Blavet, abritée par un granit plurimillénaire, la chapelle Saint-Gildas.

16 mars

Les chemins de la vallée du Blavet à Lorient

« Je suis la porte du mensonge :
par moi on va dans la cité du néant,
par moi on va dans l'éternelle douleur,
avec les démons et les damnés.
La haute sagesse et la folie d'amour,
En créant des esprits doués de liberté,
Ont ouvert le risque noir de mon abîme.
Avant moi dansait la lumière éternelle,
Offerte à tous ceux qui aiment la vérité.
Vous qui entrez laissez toute espérance. »

Dante Alighieri

Peinture murale de l'enfer
dans l'église de Kernascléden.

17

mars

Les chemins de la vallée du Blavet à Lorient

« Si Dieu n'aimait pas les enfants, il aurait fait les fraises acides. »

Sylvain Tesson

« Entre un enfant des champs et un enfant des villes, il y a tout juste la même différence qu'entre un lapin du dehors et un lapin du dedans, une rivière et un canal, le vrai ciel et un ciel de lit. »

Jean Guéhenno

Petit Breton de la région d'Hennebont

18

mars

Les chemins de la vallée du Blavet à Lorient

« La vie contemplative est faite de cueillette et de recueillement : on cueille la Parole puis l'on se recueille ; on cueille Dieu, délicatement, Dieu rare et fragile qui se laisse faire, et puis l'on se laisse recueillir par Lui, recueillir en Lui qui se referme sur ses étamines que nous sommes, infiniment. »

François Cassingena-Trévedy

19

mars

Les chemins de la vallée du Blavet à Lorient

« L'amour est ce qu'il y a de plus fort au monde. Cependant, on ne peut rien imaginer de plus humble. »

Mahatma Gandhi

« J'essaie d'aller avec un sourire vers tout ce qui me contrarie. »

Dom Colomban Marmion

Vitrail de Notre-Dame-du-Vœu, à Hennebont

20

mars

Les chemins de la vallée du Blavet à Lorient

« Être soi-même c'est, tout en étant perméable à toutes les influences, rester soi-même. C'est dépasser son monde intérieur tout en le cultivant, aller vers l'autre tout en sachant pertinemment que l'autre est différent et que, pas plus qu'il ne nous assimilera, nous ne l'assimilerons.
Parler d'identité culturelle aujourd'hui, c'est parler de compréhension, d'ouverture, de disponibilité, d'intelligence enfin. C'est parcourir le monde sans le souci de perdre son identité ou ses racines parce que l'on est soi-même la racine et l'arbre de son identité et de son peuple. »

Chérif Khaznadar

Les cousins celtes se retrouvent lors du Festival interceltique de Lorient.

21
mars

Les chemins de la vallée du Blavet à Lorient

« Vierge Marie, Mère du Bel Amour, Mère qui n'as jamais abandonné un enfant qui crie au secours, […] tourne vers nous Ton regard plein de compassion. Vois le paquet de nœuds qui étouffent ma vie. Tu connais mon désespoir et ma douleur, […] je dépose le ruban de mon existence entre tes mains. […] Tu es l'unique Consolatrice que Dieu m'a donnée, Tu es la forteresse de mes forces fragiles, la richesse de mes misères, la délivrance de tout ce qui m'empêche d'être avec le Christ. Accueille mon appel. Garde-moi, guide-moi, protège-moi. Tu es mon Refuge assuré. Amen. »

Prière à Notre-Dame-des-Nœuds (extraits)

Statue de Notre-Dame-du-Vœu, à Hennebont.

22

mars

Les chemins de la vallée du Blavet à Lorient

« Je ne crois pas que nous puissions corriger quoi que ce soit dans le monde extérieur que nous n'ayons d'abord corrigé en nous. »

Etty Hillesum

Détail du porche sud
de l'église Notre-Dame-de-la-Joie,
à Merlevenez.

23

mars

Les chemins de la vallée du Blavet à Lorient

« Mouillés de mer, mouillés de noir,
Mouillés de pluie et de voyage,
Les bateaux vides, les bateaux noirs
Sont aplatis contre le sable.

L'Océan a dit à l'Océan :
"Sur moi replie tes tentacules
Ce n'est plus l'heure de frémir…"

Sur la scène de la crique
Mouillés de bleus, mouillés de rêve
Les violons se sont couchés. »

Henri Queffélec

La belle Irlandaise au violon
avec le bagad de Lokoal-Mendon, à Lorient.

24

mars

Les chemins de la vallée du Blavet à Lorient

« On fit comme toujours un voyage au loin de ce qui n'était qu'un voyage au fond de soi. »

Victor Segalen

« Le silence est la plus exigeante et la plus difficile des symphonies, parce que nous y sommes laissés seuls avec cet instrument imprévisible qui est nous-même.

C'est dans le silence que la question du sens se pose ; c'est dans le même silence, plus avant dans le même silence, qu'elle se résout. »

François Cassingena-Trévedy

Reflets d'or à Larmor-Plage.

25

mars

Les chemins de la vallée du Blavet à Lorient

« Nous t'embrasserons trois fois sur la bouche
Chevalier printemps pas comme il faut.
Est-ce défendu que les vierges couchent
Avec un amour couronné d'oiseaux ?
Et tant pis s'ils sont vrais ces vieux dits de nos mères
Que le vent du printemps fit les quatre cents coups
Dans les bois dans les prés sur le bord des rivières.
Ça alors si vous saviez comme on s'en fout ! »

Angèle Vannier

Librairie sur l'île de Groix.

LIBRAIR

26
mars

Les chemins de la vallée du Blavet à Lorient

« La mer est là aux portes : houle vivante qui pétrit la lumière
Route vivante ouvrant sur l'univers.
Partout des voiles des cordages des filets emmêlés
    au ciel.
Toute la mer est là docile entre les paumes
    de la Ville. »

Marc Alyn

Cité de la Voile à Lorient.

AXA Atout Cœur
GENER
Brossard

27

mars

Les chemins de la vallée du Blavet à Lorient

« N'oubliez pas l'hospitalité, car c'est grâce à elle que certains, sans le savoir, ont hébergé des anges. »

Épître de saint Paul aux Hébreux 13, 2

« Il y eut un homme envoyé par Dieu, et son nom était Jean ; il y eut ensuite un ange envoyé par Dieu, et son nom était Gabriel ; il y eut enfin un Dieu, oui, un Dieu même envoyé par Dieu, et son nom était Jésus. Et l'homme, et l'ange, et Dieu étaient les trois prévenances de Dieu. »

François Cassingena-Trévedy

Angelot dans la chapelle Saint-Cado, à Belz.

28

mars

Les chemins de la vallée du Blavet à Lorient

« Je voudrais que vous appreniez à désirer et à aimer ce qui nous fait mourir à nous-même. Tant qu'on ne fait que la supporter, la vie est insupportable. »
« Si tu vas au bout du monde, tu trouveras la trace de Dieu, si tu vas au bout de toi-même, tu trouveras Dieu lui-même. »

Madeleine Delbrêl

La barre d'Étel.

29

mars

Les chemins de la vallée du Blavet à Lorient

« Aujourd'hui mon amour je suis trop fatigué pour t'écrire. Tu trouveras dans ton cœur une lettre de plusieurs pages, remplie de silence. Lis-la lentement. La lumière de ce jour l'a écrite en mon nom. Il n'y est question que de toi et de ce repos qui me vient chaque fois que je tourne mon visage vers ton visage, là-bas, à plusieurs centaines de kilomètres. »

Christian Bobin

Porte de maison à l'île de Groix.

LETTRES
JOURNAL

30

mars

Les chemins de la vallée du Blavet à Lorient

« Dureté et rigidité sont compagnes de la mort,
Fragilité et souplesse sont compagnes de la vie. »

Lao Tseu

« Tu dis : les temps sont mauvais. Sois bon : les temps seront meilleurs. »

Saint Augustin

31
mars

Les chemins de la vallée du Blavet à Lorient

« L'homme qui n'a pas de musique en lui,
Et qui n'est pas touché par la concorde des doux sons,
Est prêt aux trahisons, aux stratagèmes, et aux pillages ;
La marche de son esprit est ténébreuse comme la nuit,
Et ses désirs sombres comme l'Erèbe :
Méfions-nous d'un tel homme… écoutons la musique. »

William Shakespeare

Violoniste irlandaise jouant lors du Festival interceltique de Lorient.

MISSION

RLAIX
R-CHRIST
TAULE

1er avril

Les chemins de Cornouaille et de Quimper

« La ville dans mon souvenir, à la fois soleilleuse et mouillée, trempe encore par toutes ses lisières comme une ville d'Ys dans la rumeur tonique de la mer océane : cette mer n'était pas si lointaine que par les nuits de tempête on ne perçût vaguement par intervalle au creux des rues mortes la canonnade qui martelait les côtes. […] Petite capitale quiète, autour de sa cathédrale de lichen gris, au bord de sa rivière aux chevelures d'algues vertes – d'un royaume dont tous les chemins menaient aux vagues. »

Julien Gracq

La façade de la cathédrale Saint-Corentin de Quimper.

2

avril

Les chemins de Cornouaille et de Quimper

« Je suis du genre ronce et vous êtes roncier
La ronce aussi fleurit et rit sous la rosée

Il passe en mon poème un peu du roulis
Des mers de mélancolie
Le sanglot des fontaines, le souffle des ombrages
Et mon ombre nomade

J'aime les vers qui jouent comme branche dans l'air
Les vers qui chantent rouge et volent vert… »

Robert Moreau

3

avril

Les chemins de Cornouaille et de Quimper

« Ce que vous faites au plus petit d'entre les miens, c'est à Moi que vous le faites. »

Saint Mathieu

« Dieu est là qui attend en silence. Les mendiants qui ont de la pudeur sont ses images. »

Simone Weil

« La grandeur unique du christianisme est d'avoir proposé un Dieu pauvre, comme s'il y avait une blessure dans l'absolu. »

Jean Sulivan

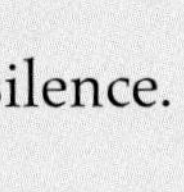

Le Pardon de Kergoat,
de Jules Breton (1827-1906).
Quimper, musée des Beaux-Arts.

4

avril

Les chemins de Cornouaille et de Quimper

« Sur le disque éclatant de l'Odet élargi
J'aimais apercevoir entre les doigts des arbres
Les joues du grand voilier dorées par le soleil
Tandis que sous nos pieds s'élançant des broussailles
Les trois-mâts fins et lourds faisaient songer à Dieu. »

Max Jacob

Dans la perspective du port de Quimper,
la cathédrale Saint-Corentin.

CORENTIN
QUIMPER

5
avril

Les chemins de Cornouaille et de Quimper

« Les Celtes ont une voix aux intonations graves et rudes ; dans la conversation, leur parole est brève, énigmatique, procédant par allusions et sous-entendus, souvent hyperbolique. »

Diodore de Sicile

« On connaît bien peu ceux qu'on aime
mais je les comprends assez bien
étant tous ces gens-là moi-même
qui ne suis pourtant qu'un babouin. »

Max Jacob

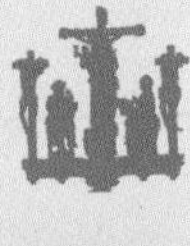

Un « sonneur » de Quimper.

6 avril

Les chemins de Cornouaille et de Quimper

« As-tu entendu ce qu'a dit l'homme de Dieu au roi Gradlon qui est à Is ?
Ne vous livrez point à l'amour ; ne vous livrez point aux folies.
Après le plaisir, la douleur !
Qui mord la chair des poissons sera mordu par les poissons ; et qui avale sera avalé.
Et qui boit et même le vin, boira de l'eau comme un poison ; et qui ne sait pas, apprendra. »

Théodore Hersart de la Villemarqué

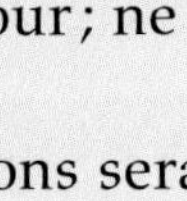

Vitrail du roi Gradlon
dans la cathédrale de Quimper.

DE FR
VENTR
TVI PONA
SVPER
SEDEM

7

avril

Les chemins de Cornouaille et de Quimper

« Délicate opération : vider une querelle comme on vide un poisson, sans crever la poche à fiel. »

Éric Chevillard

« Péché avoué est à moitié pardonné, mais pêcheur qui ne prend rien ne se pardonne qu'à moitié de ne rien prendre tout en gardant l'autre moitié de son pardon pour s'absoudre à demi de n'avoir rien pris. »

Pierre Dac

Bénodet. Du vieux breton *penn* (le bout, le cap) : le bout de l'Odet.

8

avril

Les chemins de Cornouaille et de Quimper

« Ce simple vœu :
fasse ta main,
Seigneur, qu'elle ôte les épines
de la pluie ; qu'un peu de terre
nous porte vers
la cime
et que ploient les ramures
où tout le ciel s'incline. »

Gilles Baudry

Héron dans la rivière de l'Odet.

9

avril

Les chemins de Cornouaille et de Quimper

« Seigneur me voici c'est moi
Je viens de petite Bretagne
Mon havresac est lourd de rimes
De chagrins et de larmes
J'ai marché
Jusqu'à votre grand pays
Ce fut ma foi un long voyage… »

Xavier Grall

Chapelle et statue de saint Corentin
dans la cathédrale de Quimper.

10
avril

Les chemins de Cornouaille et de Quimper

«… Je viens d'un pays chrétien
Ma Galilée des lacs et des ajoncs
Enchante les tourterelles
Dans les vallons d'avril

Me voici Seigneur devant votre Face
Sainte et Adorable
Mendiant un coin de paradis
Parmi les poètes de votre trace
Si maigre si nu
Je prendrai si peu de place… »

Xavier Grall

Une chapelle près de Pont-Aven

11 avril

Les chemins de Cornouaille et de Quimper

« À l'exemple des patriarches en exil, les marcheurs du Tro Breiz sont des "étrangers et des voyageurs sur la Terre" (Hébreux 11, 13). Même s'il est breton, le pèlerin est en effet "étranger" en Bretagne : le *peregrinus* est celui qui a quitté sa patrie. Il lui faut donc redécouvrir son pays, modifier son regard quotidien. Les amis croisés, les repères familiers : c'est tout son environnement qui se remet en question. Le pèlerinage est ce nécessaire bouleversement qui rend l'être entier disponible. »

Gaële de La Brosse

Arrivée du pèlerinage du Tro Breiz
à Quimper.

12
avril

Les chemins de Cornouaille et de Quimper

« Epargnez-moi l'ennui d'un azur porcelaine
D'un firmament tout bleu où jamais rien ne bouge,
De plaines angoissées de n'être que des plaines
Sans nul oiseau niché dessous les tuiles rouges.

Donnez-moi un ciel gris aux nuages étranges
Aux bords frangés de mauve et de mélancolie
Donnez-moi des talus pour blottir les mésanges
Pour se cacher du vent et rire de la pluie... »

Pierre Kerébel

13
avril

Les chemins de Cornouaille et de Quimper

«… Donnez-moi des forêts, des ruisseaux et des landes
Des coteaux panachés de hautes digitales
Ramenez-moi les fées au cœur de Brocéliande
Où plane quelque fois l'ombre de Perceval.

Donnez-moi les senteurs de la terre à l'automne
L'argile des prairies poivrée de feuilles mortes
Les parfums de l'aurore où la bise frissonne
Les ajoncs, les genêts, l'ancolie à ma porte… »

Pierre Kerébel (suite)

L'église de Melgven, dans le canton de Bannalec. Melgven vient du breton *mell* (« colline arrondie ») et de *gwenn* (« blanc »).

14

avril

Les chemins de Cornouaille et de Quimper

«… Donnez-moi des rochers torturés par les vagues
Une mer en furie toute blanche d'écume
Et les orages rouges traçant comme une dague
Des sillages de feu qui déchirent la brume…

Donnez-moi des lilas, des ors, des violines
Des roux et des safrans pour dorer la campagne
Donne-moi pour la mer des abysses sublimes
Donnez-moi l'Océan pour bercer ma BRETAGNE. »

Pierre Kerébel (suite et fin)

Baie de Concarneau.

15
avril

Les chemins de Cornouaille et de Quimper

« La figure de proue allongée à l'étrave,
Vers les quatre infinis, le visage en avant
S'élance, et, magnifique, enorgueilli de vent,
Le bateau tout entier la suit comme un esclave.
[…]
Je serai celle-là, de son vaisseau suivie,
Qui lève haut un front des houles baptisé,
Et dont le cœur, jusqu'à la mort inapaisé,
Traverse bravement le voyage et la vie. »

Lucie Delarue-Mardrus

Figure de proue, Concarneau.

16

avril

Les chemins de Cornouaille et de Quimper

« Les Celtes sont des "rêveurs" au sens le plus profond du terme. Ils nient souvent le réel apparent pour lui substituer une vision du monde qu'on pourrait facilement qualifier de surréaliste ; [...] En un mot, si les Romains pensent historiquement, les Celtes pensent mythiquement : pour eux le Verbe est vraiment créateur, et cette création est permanente. [...] Incantation, magie, rêve, action : tout se mêle en une profonde et ténébreuse unité et rien n'est impossible à l'esprit humain. »

Jean Markale

Le guitariste Dan Ar Bras en concert.

17

avril

Les chemins de Cornouaille et de Quimper

« Il y en a qui vont dans de lointains pèlerinages
Ils processionnent autour du temple
Sans entrer dans le sanctuaire.
Mais moi, je vais en pèlerinage
Vers l'ami qui demeure en moi. »

Angelus Silesius

Salle capitulaire de l'abbaye Saint-Maurice, fondée au XIIe siècle, à Clohars-Carnoët.

18
avril

Les chemins de Cornouaille et de Quimper

« Il me faut à tout prix un secours prompt et fort.
Ce fort secours, c'est vous, maîtresse de la mort
Et reine de la vie, ô Vierge immaculée
Qui tendez vers Jésus la Face constellée
Pour lui montrer le sein de toutes les douleurs
Et tendez vers nos pas, vers nos ris, vers nos pleurs,
Et vers nos vanités douloureuses les paumes
Lumineuses, les Mains répandeuses de baumes… »

Paul Verlaine

Vierge allaitante, chapelle de Tréguron, Gouezec. Les nourrices de la région piquaient une épingle de leur corsage dans la statue.

19
avril

Les chemins de Cornouaille et de Quimper

« […] Marie, ayez pitié de moi qui ne vaux rien
Dans le chaste combat du Sage et du Chrétien ;
Priez pour mon courage et pour qu'il persévère,
Pour de la patience, en cette longue guerre,
À supporter le froid et le chaud des saisons ; […]
Ah ! vous aimer, n'aimer Dieu que par vous, ne tendre
À lui qu'en vous sans plus aucun détour subtil,
Et mourir avec vous tout près. Ainsi soit-il ! »

Paul Verlaine (suite et fin)

20

avril

Les chemins de Cornouaille et de Quimper

« Je t'en prie, quand tu te sentiras triste, paralysé, adore et confie-toi.

Adore, en offrant à Dieu ton existence qui te paraît abîmée par les circonstances : quel hommage plus beau que ce renoncement à ce qu'on aurait pu être !

Confie-toi, perds-toi aveuglément dans la confiance en Notre Seigneur qui veut te rendre digne de lui et y arrivera, même si tu restes dans le noir jusqu'au bout, pourvu que tu tiennes Sa main toujours d'autant plus serrée que tu es plus déçu, plus attristé… »

Pierre Teilhard de Chardin

Jeune femme en costume traditionnel de Fouesnant.

21
avril

Les chemins de Cornouaille et de Quimper

«… Sois en paix. Sois inlassablement doux. Ne t'étonne de rien, ni de ta fatigue physique, ni de tes faiblesses morales. Fais naître et garde toujours sur ton visage le sourire, reflet de celui de Notre-Seigneur qui veut agir par toi et, pour cela, se substituer toujours plus à toi. […] Tout ce qui te rétrécit et t'agite est faux, au nom des lois de la vie, au nom des promesses de Dieu.
Parce que ton action doit porter loin, elle doit émaner d'un cœur qui a souffert : c'est la loi, douce en somme…
Quand tu te sentiras triste, adore et confie-toi. »

Pierre Teilhard de Chardin (suite et fin)

Le phare de la pointe de Trévignon, entre Concarneau et Pont-Aven.

TREVIGNON

22
avril

Les chemins de Cornouaille et de Quimper

« Mes Divines, […] vous grandirez, vous ferez des études. Vous serez tentées par d'autres idéologies, par d'autres promesses. Mais je vous invite à méditer sur l'allégresse du christianisme. Allégresse en effet de cette religion qui nous assure que nous sommes aimés personnellement, que nous sommes à ce point aimés que quelqu'un veille sur nous, nuit et jour, et que nous ressusciterons et vaincrons les tombeaux. Moi, avec mon corps, je ne périrai pas. Et chacune d'entre vous, avec votre rire, votre charme, votre grâce, vous ressusciterez. Quel philosophe vous promet mieux ? Quel docteur vous promet meilleur destin ? »

Xavier Grall

Sainte Félicité et ses enfants martyrs,
chapelle Locmaria Hent.

Amour de Dieu.
Charité Amour du Prochain

23

avril

Les chemins de Cornouaille et de Quimper

« L'une des plus belles formules que je connaisse : "Vanité des vanités, tout n'est que vanité" (livre de l'Ecclésiaste). Répétez-là au moins une fois par jour : ça change la vie ! »

Franz-Olivier Giesbert

« Tout homme a dans sa vie un Dieu à l'affût. »

François Mauriac

Pommiers de Fouesnant.

24
avril

Les chemins de Cornouaille et de Quimper

« Quand tu pries, ne recherche pas de mots compliqués, car le bégaiement simple des enfants a souvent touché leur Père des cieux. »

Saint Jean Climaque

« Il y a beaucoup d'innocents crucifiés auxquels il faudra rendre leurs larmes. Si les chrétiens ne se trouvent pas au premier rang de ce pacifique combat, qu'ils n'aillent pas s'étonner de l'inévitable question de ceux du dehors : portent-ils la marque des clous ? »

Théodore Monod

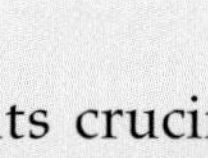

Au pardon de Notre-Dame-de-Kerdévot, en Ergué-Gabéric.

25
avril

Les chemins de Cornouaille et de Quimper

« Quand les vents de suroît retroussaient les genêts
J'y appris l'endurance, arpentant les guérets
Les deux pieds dans la glèbe et l'âme sur la mer
Mais ma lande était belle en plein cœur de l'hiver.

Si un jour de tempête agite mon destin
J'irai par des sentiers, dès le petit matin
Jeter l'ancre au village où j'ai connu l'amour
Pour me mettre à la cape, en un dernier retour. »

Robert Le Tanou

Le petit port de Doëlan lors d'une fête maritime.

MANDHELO
CONCARNEAU
C 752575
1645

26
avril

Les chemins de Cornouaille et de Quimper

« Vierge Sainte,
Au milieu de vos jours glorieux,
N'oubliez pas les tristesses de la terre.
Jetez un regard de bonté
Sur ceux qui sont dans la souffrance,
Qui luttent contre les difficultés
Et qui ne cessent de tremper leurs lèvres
Aux amertumes de cette vie… »

Henri Perreyve

Vierge éducatrice dans l'église de Plonivel, à Pobannalec.

27

avril

Les chemins de Cornouaille et de Quimper

«… Ayez pitié de ceux qui s'aimaient
Et qui sont séparés !
Ayez pitié de l'isolement du cœur !
Ayez pitié de notre foi !
Ayez pitié des objets de notre tendresse !
Ayez pitié de ceux qui pleurent,
De ceux qui prient,
De ceux qui tremblent !
Donnez à tous l'espérance et la paix. Amen. »

Henri Perreyve (suite et fin)

28
avril

Les chemins de Cornouaille et de Quimper

« Étant entré dans un temple grec, le chef gaulois Brennos ne regarda même pas les offrandes d'or et d'argent qui s'y trouvaient amoncelées. Il prit seulement les statues de dieux en bois et en pierre, et il se mit à rire parce qu'on avait supposé aux dieux des formes humaines et qu'on les avait fabriqués avec des matières périssables. »

Diodore de Sicile
(texte recueilli par Jean Markale)

« On n'échappe pas à Dieu ! Qui refuse d'être son enfant sera éternellement son singe. »

Gustave Thibon

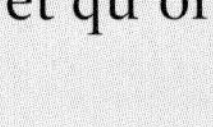

Tête de bois sculpté sur une maison ancienne de Quimperlé.

29

avril

Les chemins de Cornouaille et de Quimper

« Christ, Christ jaune de Tremalo, prends-moi, je n'en peux plus, j'ai marché, j'ai cru, je ne suis arrivé nulle part, nulle part n'ai trouvé consolation mais partout le fiel et l'épine. [...] Tu es breton aussi puisque tu as voulu te pendre à ces murs [...]. Mais sais-tu Christ de Bretagne toute la misère de mon pays. Et la douleur du fils sur la route de l'exil. Et la détresse des chiens dans les douves. Et la cruelle vengeance des vins et des alcools dans nos cerveaux criards ? Pourquoi toute cette peine ô Christ depuis le temps de ton avènement et de ta glorification. »

Xavier Grall

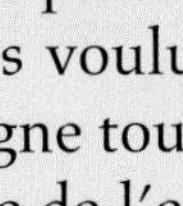

Christ jaune de la chapelle de Tremalo,
à Pont-Aven.

30
avril

Les chemins de Cornouaille et de Quimper

« L'homme a une âme ; mais avant de lui en parler, qu'on mette une chemise et un toit au-dessus de cette âme. Après on peut lui expliquer ce qu'il y a dedans. »

Abbé Pierre

« Que c'est bouleversant la miséricorde de Dieu qui trace à travers nos fautes un chemin jusqu'au fond de notre cœur. »

Geneviève de Gaulle Anthonioz

Au pardon de Notre-Dame-de-Kerdévot, en Ergué-Gabéric.

PROTEGEZ
Santez ANNA ar P

1er mai

Les chemins du pays bigouden et du cap Sizun

« Mon fils, tu dors à la messe ?
— Ma mère, je m'en confesse.

— Mon fils, tu dors en mangeant ?
— Ma mère, je m'en repens.

— Soizick me dit t'avoir vu soûl ?
— Ma mère, je m'en absous.

— Qu'y a-t-il sous son jupon blanc ?
— Ma mère, je m'en défends… »

Jean Laugier

Bigoudène et sa célèbre coiffe.

2

mai

Les chemins du pays bigouden et du cap Sizun

«… Et dans son corsage de pré ?
— Ma mère, une croix azurée !

— N'as-tu point brouté les vallons ?
— Mère, j'ai vu deux bons larrons

Si doux que je les ai baisés :
Ils m'ont dit de recommencer.

— Tu es bien le fils de mon homme !
— Ma Mère, Dieu vous pardonne… »

Jean Laugier (suite et fin)

Cordon de galets de la baie d'Audierne.

3

mai

Les chemins du pays bigouden et du cap Sizun

« Sur les vaisseaux rentrés pourrir sous nos ciels bleus,
Dans les chanvres cordés plus blonds que des cheveux,
Les tièdes vents d'avril venus des champs en fleurs,
Pleurent, ceux-là qui sont allés mourir ailleurs…

Et sous les vieux haubans rongés de lente usure,
Poulies aux yeux crevés sur l'infini perdu,
Témoins momifiés des hommes disparus,
Quel dieu féroce a pétrifié dans vos membrures
Les fantômes railleurs de vos orgueils vaincus ? »

Anita Conti

Cimetière de bateaux à Douarnenez.

4

mai

Les chemins du pays bigouden et du cap Sizun

« Je suis revenu de la Bibliothèque nationale ; j'ai déposé ma serviette ; j'ai cherché mes pantoufles et quand j'ai relevé la tête, il y a avait quelqu'un sur le mur ! Il y avait quelqu'un ! Il y avait quelqu'un sur la tapisserie rouge. Ma chair est tombée par terre ! J'ai été déshabillé par la foudre ! Oh ! impérissable seconde ! Oh ! vérité ! vérité ! Larmes de la vérité ! Joie de la vérité ! Inoubliable vérité ! Le Corps céleste est sur le mur de la pauvre chambre ! »

Max Jacob

Détail d'une bannière,
pardon de Sainte-Anne-la-Palud.

5

mai

Les chemins du pays bigouden et du cap Sizun

« Dieu n'est pas seul à entrer en nous, à s'infiltrer en nous par l'oraison. Les choses rentrent en nous par là, elles aussi : et le bougeoir, et la cloche, et le soir qui tombe, et l'arbre dans l'embrasure de la fenêtre, l'arbre nu qui tombe sous le coup du soir, tout doucement. Toutes ces choses-là ne nous distraient pas de Dieu ; au contraire, elles le tirent après elles. Dieu entre en nous sur la pointe des pieds, dans la foulée des choses, emboîtant pour ainsi dire le pas des choses qui passent notre seuil. Imperceptiblement. »

François Cassingena-Trévedy

Brodeur de bannières chez Le Minor de Pont-l'Abbé.

6
mai

Les chemins du pays bigouden et du cap Sizun

« C'était au bord de la mer. Les femmes de pêcheurs faisaient le tour des barques, […] portant des cierges, et chantaient des cantiques certainement très anciens, d'une tristesse déchirante. […] Là j'ai eu soudain la certitude que le christianisme est par excellence la religion des esclaves, que des esclaves ne peuvent pas ne pas y adhérer, et moi parmi les autres. »

Simone Weil

L'arrivée du pardon de Sainte-Anne-de-Fouesnant à Concarneau d'Alfred Guillou (1844-1926). Quimper, musée des Beaux-Arts.

7

mai

Les chemins du pays bigouden et du cap Sizun

« À l'école des Rouges, celle de la République, [...] il y avait une rangée de classes dont l'une, la seconde, était plus haute que les autres [...] C'est là que les petits allaient regarder, d'avance et du dehors, à travers les vitres de la porte, une grande carte murale de la France qui pendait sur deux clous, à droite du tableau noir.
"Nous sommes dessus, tout au bout", nous disaient les grands sans autre explication. Et nous regardions, éberlués, cette tête de dragon qui dardait une langue tricuspide et devait devenir pour nous la Bretagne quand nous serions admis dans la classe haute... »

Pierre-Jakez Hélias

Jeune garçon, grande troménie de Locronan.

8

mai

Les chemins du pays bigouden et du cap Sizun

«… C'est là que le maître d'école, du bout de sa longue baguette, devait nous désigner notre emplacement, presque à la pointe du menton dragonesque. Et nous sommes allés, chacun à notre tour, passer le doigt sur la ligne courbe de la baie d'Audierne, entre le brun et le bleu de la carte. D'abord, nous avons été satisfaits de reconnaître que le dessin reproduisait bien cet arc de la côte […]. Cette carte disait donc vrai. Mais, à la contempler trop longtemps, sachant que nous étions sur le bord extrême, certains d'entre nous avaient peur de tomber à l'eau.»

Pierre-Jakez Hélias (suite et fin)

La chapelle Saint-They, à quelques mètres seulement des falaises vertigineuses de la pointe du Van.

9

mai

Les chemins du pays bigouden et du cap Sizun

« Bénite est l'infertile plage
Où, comme la mer, tout est nud.
Sainte est la chapelle sauvage
De Sainte-Anne-la-Palud [...]

Ô toi qui recouvrais la cendre,
Qui filais comme on fait chez nous,
Quand le soir venait à descendre,
Tenant l'ENFANT sur tes genoux ;

Toi qui fus là, seule, pour faire
Son maillot neuf à Bethléem,
Et là, pour coudre son suaire
Douloureux à Jérusalem !....

Des croix profondes sont tes rides,
Tes cheveux sont blancs comme fils...
Préserve des regards arides
Le berceau de nos petits-fils !.... »

Tristan Corbière

Visite à la Vierge de Bénodet
par Jean-Eugène Buland (1852-1927).
Quimper, musée des Beaux-Arts.

10

mai

Les chemins du pays bigouden et du cap Sizun

«… Fais venir et conserve en joie
Ceux à naître et ceux qui sont nés.
Et verse sans que Dieu te voie
L'eau de tes yeux sur les damnés ! […]

Prends pitié de la fille mère
Du petit au bord du chemin…
Si quelqu'un leur jette la pierre,
Que la pierre se change en pain !

Dame bonne en mer et sur terre,
Montrez-nous le ciel et le port,
Dans la tempête et dans la guerre…
Ô fanal de la bonne mort ! […]

Aux perdus dont la vie est grise
(Sauf respect – perdus de boisson),
Montre le clocher de l'église
Et le chemin de la maison… »

Tristan Corbière (suite)

Détail du calvaire de Tronoën, doyen des calvaires bretons, arrimé depuis 1450 à la chapelle Notre-Dame, sur la commune de Saint-Jean-Trolimon.

11

mai

Les chemins du pays bigouden et du cap Sizun

«… Si nos corps sont puants sur terre,
Ta grâce est un bain de santé ;
Répands sur nous, au cimetière
La bonne odeur de sainteté.

À l'an prochain ! Voici ton cierge :
(C'est deux livres qu'il a coûté)
… Respect à Madame la Vierge,
Sans oublier la Trinité. »

Tristan Corbière (suite et fin)

Couronne jetée dans les flots lors d'une commémoration des disparus en mer.

Aux Péris en Me

12

mai

Les chemins du pays bigouden et du cap Sizun

« Sourd et aveugle que j'étais,
je ne m'attachais qu'aux merveilles de ta création.
Je me suis fatigué à te chercher hors de moi,
toi qui habites en moi, pourvu que j'en aie le désir.
[…] Mais tu m'as éclairé de ta lumière,
alors je t'ai vu et je t'ai aimé,
car on ne peut t'aimer sans te voir,
ni te voir sans t'aimer.
Ô temps malheureux où je ne t'ai point aimé ! »

Saint Augustin

La fierté de porter les habits des ancêtres.
Au pardon de Sainte-Anne-la-Palud
dans la baie de Douarnenez.

13
mai

LES CHEMINS DU PAYS BIGOUDEN ET DU CAP SIZUN

« Bretagne, beaupré magnifique par lequel l'Occident force en douleur les portes atlantiques. nous avons vécu et il nous semble bon de vivre la tempête sous le chaume de la farce, de la garce aux cent boutiques qui ajoute à la fièvre, la pustule, et les on-dit au point-virgule, petites vies à double sagesse, tournicotis de branle à l'incrédule. Et toujours cette vergue magnifique par laquelle l'Occident force en caillottes les portes atlantiques. »

Glenmor

Mer d'Iroise.

14

mai

Les chemins du pays bigouden et du cap Sizun

« Quand on croit détenir la vérité, il faut savoir qu'on le croit, et non pas croire qu'on le sait. »

Jules Lequier

« La connaissance de Dieu sans celle de sa misère fait l'orgueil ; la connaissance de sa misère sans celle de Dieu fait le désespoir ; la connaissance de Jésus-Christ fait le milieu parce que nous y trouvons et Dieu et notre misère. »

Blaise Pascal

15

mai

Les chemins du pays bigouden et du cap Sizun

« Vous irez prier dans ces chapelles de chez moi où la rectitude du granit vient caresser le doux calcaire du ciel. Elles sont innombrables, ces granges à Dieu, ces métairies du Christ, enfouies dans la tendresse du gazon et la verdeur des chênaies. [...] Sur ces dalles, vous mettrez vos pas dans les miens et vous verrez comme il est doux d'y murmurer quelques paroles de grâce quand souffle dehors le grand vent fou du Finistère. »

Xavier Grall

Le calvaire de Tronoën se lit dans le sens contraire des aiguilles d'une montre.

16

mai

Les chemins du pays bigouden et du cap Sizun

« Il y a plusieurs grandes religions, mais il n'y en a qu'une qui permette au plus humble des êtres humains penchés sur sa pioche, sa brouette ou son registre comptable, au plus médiocre, au plus insignifiant, de se croire personnellement sous le regard d'amour de Celui qui gouverne les mondes, plus encore : de n'être pas jugé indigne du sacrifice d'un Dieu. »

Thierry Maulnier

Pour la grande troménie de Locronan qui a lieu tous les six ans, les fidèles, en costume traditionnel, suivent un parcours de 13 kilomètres autour du village.

PLOËVEN

17

mai

Les chemins du pays bigouden et du cap Sizun

« Partir
S'il vient sauras-tu le prendre le navire annoncé par les cinq océans
Sauras-tu éviter les vagues qui viennent mordre le rivage
L'écume dans la gueule blanche à faire reculer la nuit
Pour que le jour ne s'achève jamais
Pour que tu ne te reposes plus
Il y a tant à faire sous le soleil… »

Yvon Le Men

Le port d'Audierne.

18

mai

Les chemins du pays bigouden et du cap Sizun

«… Écoute le chant des bâtisseurs de cathédrales
Leurs voix maçonnent des fenêtres dans nos cœurs
Leurs mains nous montrent les épaves des châteaux de sable
S'agenouillant à la marée
Implorant la princesse à la robe d'écume
Pour qu'elle revienne du nouveau monde
Nous raconter des histoires à dormir debout contre la vie.»

Yvon Le Men (suite et fin)

Caravelle sculptée dans le granit de l'église Saint-Nonna, la « cathédrale des mers », à Penmarch, au temps où les Bretons couraient les mers du monde.

19

mai

Les chemins du pays bigouden et du cap Sizun

« Aimer et disparaître,
ces deux mots s'accordent depuis des éternités
Et ce n'est que là où il y a des tombeaux
qu'il y a des résurrections. »

Friedrich Nietzsche

« J'ai tant aimé ce monde où habite Ta gloire. »

Christiane Singer

20

mai

Les chemins du pays bigouden et du cap Sizun

« L'homme est dur sur cette côte. […] La nature ne lui pardonne pas. La vague l'épargne-t-elle quand, dans les terribles nuits de l'hiver, il va par les écueils attirer le varech flottant qui doit engraisser son champ stérile, et que si souvent le flot apporte l'herbe et emporte l'homme ? L'épargne-t-elle quand il glisse en tremblant sous la pointe du Raz, aux rochers rouges où s'abîme l'enfer de Plogoff, à côté de la baie des Trépassés […] ? C'est un proverbe breton : […] "Secourez-moi, grand Dieu, à la pointe du Raz ! Mon vaisseau est si petit, et la mer est si grande !" »

Jules Michelet

Porteur de croix au pardon d'Ergué Gabéric.

21 mai

Les chemins du pays bigouden et du cap Sizun

« C'est comme si
la terre aiguisée en pointe
convaincue d'éternité
s'habillait d'un visage
rocailleux et grave.

Là où meurt le néant
et naissent les espoirs
c'est un lieu où vole le vent. »

Jean-Albert Guénégan

Le phare de la Vieille à la pointe du Raz.

22
mai

Les chemins du pays bigouden et du Cap Sizun

« L'on partait tôt matin. L'on croisait de ces hommes splendides, noir et blanc vêtus, et qui allaient vers les chapelles comme l'on va au paradis. Ou comme leurs pères avaient été à Jérusalem : l'âme et la lippe heureuses. L'on croisait des bourgs entiers. Toute cette foule-là, gueulant, houspillant, les femmes sous l'aile des coiffes tenant l'homme en respect, loin des buvettes. Et les gosses ! Et les chevaux ! Mes Divines, c'était naïf, mais ce n'était pas bête. [...] Quelle allégresse ! Quelle confiance ! Ô celtes, pour qui la croyance est aussi naturelle que le vent... »

Xavier Grall

Le pardon de Notre-Dame-de-Penhors, à Pouldreuzic, le pays de Pierre-Jakez Hélias.

23
mai

Les chemins du pays bigouden et du cap Sizun

« Pourquoi m'inquiéter ? Pourquoi prévoir ? Si j'ai peur, je dirai : j'ai peur, sans honte. Que le premier regard du Seigneur, lorsque m'apparaîtra sa sainte Face, soit donc un regard qui rassure ! »

Georges Bernanos

« Vu du dehors, le mal appelle le châtiment. Vu du dedans, la pitié. »

Gustave Thibon

Vitrail représentant la fuite de Gradlon alors que sa fille Dahut est livrée à la mer ; église de Kerlaz, près de Douarnenez.

24
mai

Les chemins du pays bigouden et du cap Sizun

« Si tu vas au bout du monde, tu trouveras la trace de Dieu ; si tu vas au bout de toi-même, tu trouveras Dieu lui-même. »

Madeleine Delbrêl

« C'est le temps des pardons et le mot est superbe avec ce qu'il suppose de lumière, de beauté, de parade et de parures, de rites magnifiques pour effacer l'ordinaire, la pauvreté des vies, la persistance des vices, le poids et l'opacité des consciences peccamineuses. »

Philippe Le Guillou

Le pardon de Sainte-Anne-la-Palud,
l'un des plus importants de Bretagne, se tient,
sur la grève, chaque dernier dimanche d'août.

ADOROMP DOUE E
SAKRAMANT AN AOTER

25
mai

Les chemins du pays bigouden et du Cap Sizun

« Du temps qu'on allait encore aux baleines, si loin qu'ça faisait, mat'lot, pleurer nos belles, y avaient des marins qui avaient la foi, et des grands seigneurs qui crachaient sur elle, y avait la Sainte Vierge et y avait le Roi !

Et bien, à présent, tout le monde est content, c'est pas pour dire, mat'lot, mais on est content !.... Y'a plus d'grands seigneurs ni d'Jésus qui tiennent, y a la République et y a l'président, et y a plus d'baleines. »

Paul Fort

Retour de pêche à Douarnenez.

LA CONCHÉE
GV 735820

26

mai

Les chemins du pays bigouden et du cap Sizun

« Un pays – non, ce sont des côtes brisées de la dure Bretagne : *Penmarc'h, Toul-Infern, Pour-Dahut, Stang-an-Ankou*… Des noms barbares hurlées par les rafales, roulés sous les lames sourdes, cassés dans les brisants et perdus en chair de poule sur les marais… Des noms qui ont des voix.
Là, sous le ciel neutre, la tourmente est chez elle : le calme est un deuil. […]
Là, c'est le *Raz-de-Sein*, couturé de courants que *jamais homme n'a passé sans peur ou mal*.
Là naissent et meurent des êtres couleur de roc, patients comme des éternels, rendant par hoquets une langue pauvre, presque éteinte, qui ne sait rire ni pleurer… »

Tristan Corbière

La Pointe du Raz

27

mai

Les chemins du pays bigouden et du cap Sizun

« Allez ensuite à ceux qui vont mourir.
Ils arrivent comme des vierges qui ont fait une longue
promenade au soleil, un jour de jeûne ; […]
Ils ont l'aspect de survivants qui déjeunent sur le champ
de bataille.
Ils sont pareils à des prisonniers qui n'ignorent pas que
tous les geôliers se baignent dans le fleuve,
Et qui entendent faucher l'herbe dans le jardin de la
prison. »

Maurice Maeterlinck

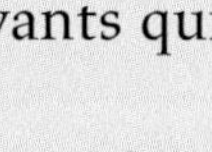

Notre-Dame-de-Languivoa.
Cette statue polychrome est l'une
des plus belles de Bretagne.

28

mai

Les chemins du pays bigouden et du cap Sizun

« Je n'ai donc pu rêver que de fausses manœuvres,
Vaisseau que des hasards menaient de port en port,
De havre en havre et de la naissance à la mort,
Sans connaître le fret ignorant de leur œuvre. […]
Voici : ce ne sont plus vers de faux rivages
Que nous appareillons.
La vie est un songe, dit-on,
Mais deux c'est trop pour mon âge. »

Raymond Queneau

Navigation entre Tréboul et Douarnenez.

29

mai

Les chemins du pays bigouden et du cap Sizun

« […] Et nos cœurs iront s'élargissant,
Toujours plus lourds du poids des multiples rencontres,
Toujours plus lourds du poids de votre amour,
Pétris de vous, peuplés de nos frères les hommes.
Car le monde n'est pas toujours un obstacle à prier pour le monde.
Si certains doivent le quitter pour le trouver,
Et le soulever vers le ciel,
D'autres doivent s'enfoncer en lui,
Pour se hisser, mais avec lui. Au même ciel. »

Madeleine Delbrêl

C'est dans la baie de Douarnenez
que serait localisée la ville d'Ys.

30

mai

Les chemins du pays bigouden et du cap Sizun

« Lors de son pardon, Sainte-Anne-la-Palud crève sa carapace de solitude. Elle se carre au milieu des foules tel un flamboyant saint Georges, un souverain déchu qui reprendrait le pouvoir. »

Henri Queffélec

« Nous ne demandons rien, refuge des pécheurs,
Que la dernière place en votre Purgatoire
Pour pleurer longuement notre tragique histoire,
Et contempler de loin votre jeune splendeur. »

Charles Péguy

D'après la tradition, le pèlerinage de Sainte-Anne-la-Palud aurait été établi au début du VIe siècle par saint Corentin et saint Guénolé.

31
mai

Les chemins du pays bigouden et du cap Sizun

« J'ai laissé mon âme là-bas
De l'autre côté de la guerre
Sur la lande et la vive pierre
Où s'usait en vain le ciel bas.

J'ai tenu ta joue endormie
Dans la paix qui fuyait mes doigts.
À la première aube ennemie
J'ai crié de veiller sur toi. »

René Guyomard

Pointe du Millier, cap Sizun.

1er juin

Les chemins d'Armorique, de la forêt à l'océan

« Je suis fils de Poésie,
Poésie, fille de Réflexion,
Réflexion, fille de Méditation,
Méditation, fille de Savoir,
Savoir, fils de Recherche,
Recherche, fille de Grande Connaissance,
Grande Connaissance, fille d'Intelligence,
Intelligence, fille de Compréhension,
Compréhension, fille de Sagesse,
Sagesse, fille des trois dieux de Dana. »

Colloque des deux Sages
(recueilli par Jean Markale)

Chaos de la forêt du Huelgoat.

2

juin

Les chemins d'Armorique, de la forêt à l'océan

« Maintenant que les seuls trains qui partent n'assurent plus
la correspondance
Pour toutes ces petites gares ombragées sur le réseau
de la souffrance
Oh ! je crois bien que ce sera à genoux
Mon Dieu ! que je me rapprocherai de Vous !
Le plus beau pays du monde
Ne peut donner que ce qu'il a [...]
Ô mon Dieu ! j'ai tellement faim de Vous tellement besoin
de savoir
Qu'un couvert en étain serait le bienvenu dans le plus modeste
de vos réfectoires
Que la cuisine soit bonne ou fade nous ne sommes point ici
à l'office... »

René Guy Cadou

L'abbaye cistercienne du Relecq,
au pied des monts d'Arrée, Plounéour-Menez.

3

juin

Les chemins d'Armorique, de la forêt à l'océan

«… Laissez-moi respirer l'odeur des fleurs qui sont sur les tables
et qui ressemblent à des lis !
Je crois en Vous Hôtelier Sublime ! Préparateur des Idées justes
et des plantes
N'allez pas redouter surtout quelque conversion retentissante !
Et qu'un tel ait choisi le pain dur et le sel
Soyez sûr qu'il n'y a rien là que de strictement personnel
Considérez que je Vous suis parent par quelque femme de village
Et par quelque vaurien d'ancêtre
L'une adorait votre Visage
L'autre s'est payé votre tête… »

René Guy Cadou (suite)

Pardon du beurre, chapelle Notre-Dame-de-Crann, en Spezet. Chaque année, pour l'occasion, quelques femmes du village confectionnent une motte de beurre de plus de vingt kilos.

4
juin

Les chemins d'Armorique, de la forêt à l'océan

… Je fais effort ! Je voudrais marcher à vos côtés
et Vous lire des vers
Mai il y a ces relais si reposants dans les limites de la terre
Ah ! je me suis conduit de façon ignoble dans les cafés
En présence de Vous j'eus toujours l'air impatienté
C'est pourquoi me voici plus seul encore plus veule
Avec ce masque d'Arlequin trop triste sur la gueule
Pardon Seigneur ! Pardon pour vos églises
Et si j'ai galvaudé dans les champs
Si j'ai jeté des pierres dans vos vitres
C'est pour que me parvienne mieux votre Chant !…. »

René Guy Cadou (suite)

Détail du grand retable de la Vierge,
église Saint-Derrien, Commana.

5
juin

Les chemins d'Armorique, de la forêt à l'océan

«… Ah ! j'aurais pu tout comme un autre être choriste
Et grappiller de long en large le corps du Christ !
Mais tous ces blés en feu dans les cristaux du soir se reflétant
C'était Vous si intimement
Qu'il suffisait alors de pousser la fenêtre
Pour que la joie pénètre et pour Vous reconnaître
Que n'ai-je su Vous arrêter
Quand vous alliez entre les saules
Les bois de Justice à l'épaule
Comme un pêcheur au carrelet ? »

René Guy Cadou (suite)

Le Ménage de la Vierge, forêt du Huelgoat.

6

juin

Les chemins d'Armorique, de la forêt à l'océan

«… Si je reviens jamais de ce côté-ci de la terre
Laissez-moi m'appuyer au chambranle des sources
Et tirer quelque note sauvage de la grande forêt d'orgue des pins
Ô mon Dieu que la nuit est belle où brille l'anneau
de Votre Main !
[…]
Heureux celui qui naît en juin parmi les nielles
Il connaît la beauté des choses éternelles !… .»

René Guy Cadou (suite et fin)

L'enclos paroissial de Pleyben.

7 juin

Les chemins d'Armorique, de la forêt à l'océan

« Le chant de ma rivière où est le pont du gué
comme voix de chapelle et voix de sansonnet
pour y conter ma peine j'y vais après souper
au fil de l'eau courante ma peine et mon regret.

Au chant de l'eau courante je me suis endormi
alors j'ai vu ma belle et la belle a souri :
"Pour qui sont donc, lui dis-je, ces pierres de rubis ?
et ces fleurs de jardin inconnues au pays ? […] »

Max Jacob

Mare aux Sangliers, forêt du Huelgoat.

8

juin

Les chemins d'Armorique, de la forêt à l'océan

« […] — Meunier, répondit-elle, c'est ton cœur que je tiens.
qu'il aille à la rivière sous la roue du moulin.
Que la roue le boulange comme on fait du pétrin."

A la roue donc, la belle, ces pierres et ces fleurs !
elle en fera des larmes, des larmes et des pleurs
quant au rubis, ma belle, il faudrait un fondeur
qu'ils sautent jusqu'au ciel : ce serait le meilleur. »

Max Jacob (suite et fin)

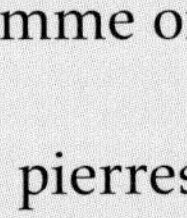

Fleurs de genêt, l'emblème de la Bretagne.

9
juin

Les chemins d'Armorique, de la forêt à l'océan

« Un jour on te demandera raison
de ton émerveillement d'enfant désarmé
tu répondras :
J'ai perdu pied dans la louange
Je suis un chant dans la bouche du fleuve
Et quand m'étreint la joie
Entre ses hanches riveraines
Je m'en reviens au lieu de ma naissance. »

Gilles Baudry

Fillette en costume traditionnel.

10
juin

Les chemins d'Armorique, de la forêt à l'océan

« Dieu a fait l'homme ; Dieu s'est fait homme ; tout ce qui est fait à l'homme est fait à Dieu. Voilà, en deux mots qui ne cessent de s'appeler, comme en trois énoncés dont la suite est imparable, tout le précis du christianisme. »

François Cassingena-Trévedy

Détail du retable des Sept Plaies, église Saint-Derrien, à Commana.

11
juin

Les chemins d'Armorique, de la forêt à l'océan

« Une pierre posée sur d'autres s'appelle un *dolmen*, qu'elle soit horizontale ou verticale ; un rassemblement de pierres debout et recouvertes sur leur sommet par des dalles consécutives, formant ainsi une série de *dolmens*, est une *grotte aux fées*, *robe aux fées*, *table des fées*, *table du diable* ou *palais des géants*, car, ainsi que ces maîtres de maison qui vous servent un vin identique sous des étiquettes différentes, les Celtomanes, qui n'avaient presque rien à nous offrir, ont décoré de noms divers des choses pareilles. »

Gustave Flaubert

Allée couverte de Mougau-Bihan, à Commana.

12

juin

Les chemins d'Armorique, de la forêt à l'océan

« Aubrac d'Arvor
aride, taciturne.
De toute part le regard circulaire
des lointains qui avivent l'attente.
Là-haut :
le Menez Mickaël.
En bas : les fondrières de Yeun Elez
où veille le passeur de l'au-delà
en compagnie
du meneur d'âmes. »

Gilles Baudry

La chapelle Saint-Michel de Brasparts,
au cœur des monts d'Arrée

13

juin

Les chemins d'Armorique, de la forêt à l'océan

« Lucifer au bénitier
est vautré plus qu'à moitié.
Dans les orgues des corbeaux
croassent l'Introïbo.
Chacun boit le vin de messe
aux santés des chanoinesses,
et là-haut, les moinillons
se balancent aux rosaces.
Vive Dieu, les tourbillons !
Vive Dieu car tout est grâce. »

Guy Ganachaud

Mélusine, Morgane ou le diable ?
Sculpture du porche de l'église de Brasparts.

14
juin

Les chemins d'Armorique, de la forêt à l'océan

« Dans l'abîme de ma pauvreté, je sais que Dieu nous tient dans ses bras. Son Amour m'est plus assuré que ma propre vie, infiniment plus. Mais c'est une nuit profonde. Priez pour qu'elle s'ouvre sur le salut du monde. Je m'appuie sur la Communion des Saints [...] Comment vous dire ce mélange de paix mystérieuse et de déchirement du fond de l'âme ? C'est un pressentiment de ma propre mort avec tout ce que cela comporte de dépouillement, d'abandon et d'espérance. »

Geneviève de Gaulle Anthonioz

Mise au tombeau d'Antoine Chavagnac (1676), à Lampaul-Guimiliau.

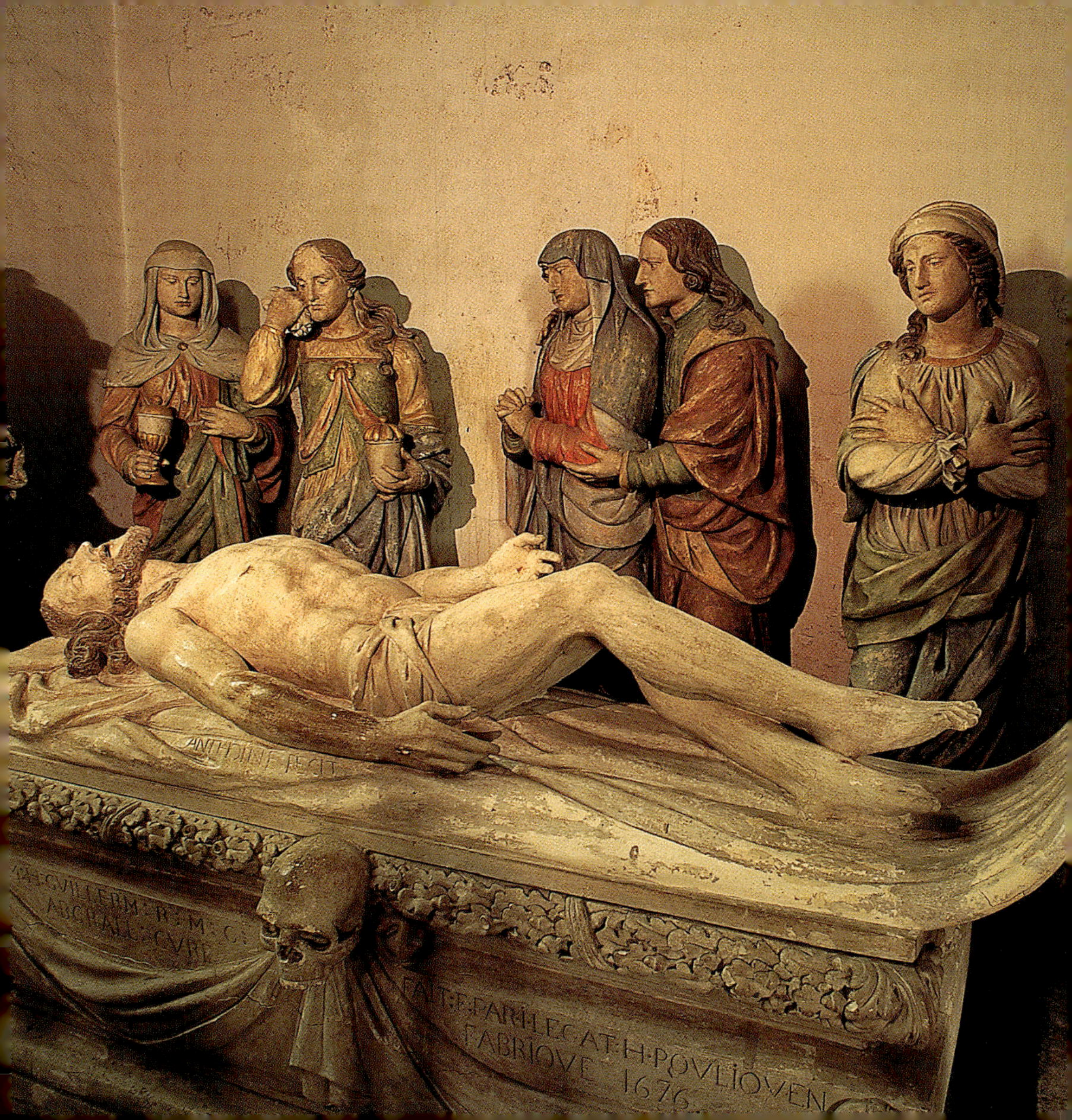
ANTHOINE FECIT
FAIT·F·PAR·I·LEGAT·H·POVLIOVEN
FABRIQVE 1676

15

juin

Les chemins d'Armorique, de la forêt à l'océan

« Ici, il faut accepter de se perdre. Dans le ciel trop grand, quand l'horizon se déploie jusqu'à la mer et que la houle des bruyères se confond avec celle des vagues. Dans les chemins que ne recense aucune carte, jusqu'aux replis des futaies où se cachent église et calvaires, sublimes à force de simplicité. [...] Dans les tourbières et les marais du Yeun Elez, où peuvent disparaître hommes et bêtes en un instant, [...] porte de l'enfer, d'où se peut encore entendre, certaines nuits, le souffle du dragon. Dans l'eau claire d'une fontaine, sur le bord du chemin, où se mire le ciel... »

Michel Le Bris

Rochers du Cragou, monts d'Arrée

16

juin

Les chemins d'Armorique, de la forêt à l'océan

« Mais parce que nous avons goûté le miel qui passe toute saveur
de votre bonté
Versant la tête sur votre épaule
Nous vous offrons avec un cœur trop plein pour des paroles
Cette pauvre chose que nous pouvons donner. »

Geneviève Gallois

Détail du grand retable de la Vierge,
église Saint-Derrien, à Commana.

FAICT: DV
TEMPS:
DE:
MISSIRE

17

juin

Les chemins d'Armorique, de la forêt à l'océan

« "Comme un homme que sa mère console, ainsi je vous consolerai" (Is 66, 13). [...] L'homme n'est jamais si adulte ni si mûr qu'il n'ait besoin d'être consolé. Jésus-Christ lui-même, jusque dans sa mort, n'a-t-il pas été consolé par sa Mère, très doucement, à la descente de sa croix ? Ensuite, cela veut dire que Dieu est Mère et, par conséquent, qu'il est Femme : mystère de la Pietà, en Dieu même. Enfin, si l'on comprend que Dieu console "comme un homme", comme un homme-à-consoler [...], cela veut dire que Dieu est consolable ; et c'est justement cela, plus que tout le reste, qui nous le rend consolant. »

François Cassingena-Trévedy

Les pleureuses et le Christ, calvaire de Brasparts.

18

juin

Les chemins d'Armorique, de la forêt à l'océan

« À Brasparts je te mènerai
Nous aurons pitié l'un de l'autre
Là-bas il y a des champs maigres
Avec des pierres au milieu
Qui percent la peau des garennes [...]
À Brasparts au milieu des landes
Il y a le Mont-Saint-Michel
Son silence sur les marais
Refuse le rayon du soir
Au bord de lentes pluies
Où toute promesse est éteinte
Où les chevaux courbent le col
Et nous marcherons vers sa peine
En nous serrant plus fort la main. »

René Guyomard

Le chemin vers la chapelle Saint-Michel de Brasparts, dans les monts d'Arrée.

19

juin

Les chemins d'Armorique, de la forêt à l'océan

« Dans le sanctuaire [...] montent les supplications et souvent les marchés. Donnant, donnant. On pose ses conditions :
— S'il me revient... Si la mer ne le prend pas... S'il cesse de boire... S'il ne me bat plus... Si le monde allait droit... Si on pouvait y croire encore... Si Dieu voulait...
[...] Anne saura présenter la chose. Elle en a l'habitude. Elle en a entendu d'autres. Depuis les temps les plus reculés, autant dire depuis toujours, on lui récite le "chapelet" de ses misères, de ses manques, de ses aspirations.
— Faites, bonne Mère ! FAITES ! »

Charles Le Quintrec

Sainte Anne apprend à lire à la Vierge Marie.
Détail du retable de Sainte-Anne, à Commana.

20

juin

Les chemins d'Armorique, de la forêt à l'Océan

« Site le plus prestigieux d'Armorique, lieu privilégié d'une communion avec l'âme de ce pays. Le vent y souffle les parfums de la lande, d'en bas l'odeur de la tourbe, de là-bas les senteurs des forêts et l'haleine vive de l'Océan. Tout devient proche et les secrets eux-mêmes de la Terre s'y éclairent. Trait d'union entre le sol et le firmament, les rochers de Kador, chaire magique et superbe, accordent au voyageur qui s'y assoit au terme de son aventure, la royauté. »

Gwenc'hlan Le Scouëzec

Le roc Trevezel, dans les monts d'Arrée.

21

juin

Les chemins d'Armorique, de la forêt à l'océan

« Splendeur des lis de Mai, vous êtes notre Reine,
l'aurore de nos yeux, la paix de notre soir,
et nous plaçons en vous tous nos ciels bleus d'espoir,
nos rires et nos pleurs et toute notre peine.
Nous cueillerons pour vous, aimable souveraine,
des fleurs et des *Ave* tout le long du chemin,
et si l'ombre du soir obscurcit le matin,
trouez d'or et d'azur le mur de notre peine… »

Guy Ganachaud

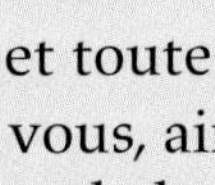

Dans la chapelle Notre-Dame de Rumengol.

22
juin

Les chemins d'Armorique, de la forêt à l'océan

«… Blancheur des lis de mai, Vierge belle et sereine,
prenez-nous par la main lorsque viendra le soir ;
lorsque viendront les pleurs et tout le désespoir,
et le printemps fleuri de l'or des chrysanthèmes,
et l'angoisse des nuits sous les feux d'anathèmes,
prenez-nous par la main de long de notre peine. »

Guy Ganachaud (suite et fin)

Le pardon de Rumengol.

23

juin

Les chemins d'Armorique, de la forêt à l'océan

« Le lacet d'un chemin noue la gorge. »

Sylvain Tesson

« Jamais le sentier
qu'inscrit au sol
l'homme qui marche
n'est droit.

D'instinct
sans qu'il en décide
il le trace ondulé
Souple comme la pensée
les caresses. »

Gabrielle Marquet

Chemin côtier, pointe de Dinan,
presqu'île de Crozon.

24

juin

Les chemins d'Armorique, de la forêt à l'océan

« Le pouls ému d'une marée,
d'un équinoxe nous l'enseigne :
nul autre souffle que celui de l'âme
ne sculpte en nous bleu retable de mer.
Si rien n'atteint
la hauteur du désir,
Pas même le ciel ; ce long cil qui bat,
Amour sans fin appelle désir sans limite. »

Gilles Baudry
(moine à l'abbaye de Landévennec)

Statue de saint Guénolé, vestige de l'ancienne abbaye Saint-Guénolé de Landévennec.

25
juin

« Celui qui est las des chemins de la terre ou qui devine, avant de les avoir tentés, combien ils sont âpres et vulgaires, sera séduit par les pâles routes de la mer, plus dangereuses et plus douces, incertaines et désertes. Tout y est plus mystérieux, jusqu'à ces grandes ombres qui flottent parfois paisiblement sur les champs nus de la mer, sans maisons et sans ombrages, et qu'y étendent les nuages, ces hameaux célestes, ces vagues ramures. »

Marcel Proust

En marche vers la pointe du Toulinguet.

26
juin

Les chemins d'Armorique, de la forêt à l'océan

« Nous envisagions avec bonheur l'idée d'aller côte à côte pendant quatre mois, au hasard des routes, au hasard des gîtes, à travers la nature ; il nous semblait que nous nous évadions de la vie civilisée et rentrions dans la vie sauvage ; nous étions disposés à tout admirer, les ruines où fleurissent les ravenelles, les cathédrales obscurcies par leurs vitraux, les rochers couverts de goémons et les landes dont les ajoncs ont fait un tapis d'or. »

Maxime Du Camp

Marcheurs au cap de la Chèvre, sur le GR 34, qui fait le tour de la Bretagne du barrage d'Arzal au Mont-Saint-Michel.

27
juin

Les chemins d'Armorique, de la forêt à l'océan

« L'on croyait trouver satisfaction dans la maîtrise, la possession, le sentiment confortable du plein, et voilà que, parvenu plus que subitement qu'on ne le pensait sur l'autre versant de soi-même, on aspire à n'avoir plus aucune importance propre et à n'être plus qu'un lieu-dit. Un lieu-dit où coule le vent, où Dieu passe et où d'autres, sans nombre, pourront passer. »

François Cassingena-Trévedy

Port de Camaret, à l'aube,
avec la tour Vauban et l'église Notre-Dame
de Rocamadour.

28
juin

Les chemins d'Armorique, de la forêt à l'océan

« Je regrettais le passé
Et je redoutais le futur.
Soudain mon Seigneur m'a parlé :
"Mon nom est : Je suis."
Il s'est arrêté. J'ai attendu. Il a continué :
"Lorsqu'on vit dans le passé
Avec ses fautes et ses regrets,
C'est dur. Je ne suis pas là.
Mon nom n'est pas : J'étais.
Lorsqu'on vit dans le futur
Avec ses problèmes et ses peurs,
C'est dur. Je ne suis pas là.
Mon nom n'est pas : Je serai.
Lorsqu'on vit dans le présent,
Ce n'est pas dur. Je suis là.
Mon nom est : Je suis." »

Prière gravée dans la chapelle
de la prison de Rikers Island, New York

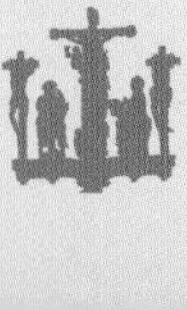

Église Notre-Dame de Rocamadour
et ses ex-voto marins.

LOURDES
SANT
Ste CRISTOPH
CAMARET
N D DE BON SECOURS
CAMARET
ROUANEZ AR ROSERA
AUDIERNE

29

juin

Les chemins d'Armorique, de la forêt à l'océan

« On dirait que le vent a ramassé toute la mer, les montagnes dans le soufflet de la tempête, on dirait qu'elles changent de place.
Mais au-dessous, au-dessus, à la base et à la basse, il y a ce courant imperturbable.
La cité de Dieu sans bords, il y a un courant qui en sort et qui y revient pour le vivifier : il y a un courant hors du Très Saint tabernacle qui sa Se chercher là-bas lui-même pour l'y ramener.
Dieu est au milieu d'elle rien ne l'ébranle : Dieu va au secours du matin avec l'aurore. »

Psaume 45 (traduit par Paul Claudel)

Le « Tas de Pois », pointe de Pen Hir, presqu'île de Crozon.

30
juin

Les chemins d'Armorique, de la forêt à l'océan

« Ma patrie elle est par le monde
et puisque la planète est ronde
Je ne crains pas d'en voir le bout.
Ma patrie est où je la plante
terre ou mer elle est sous la plante
de mes pieds quand je suis debout. »

Tristan Corbière

Plage du Toulinguet près de Camaret

1er juillet

Les chemins du Léon, des abers à Brest

« On ne naît pas breton, on le devient, à l'écoute du vent, du chant des branches, du chant des hommes et de la mer. »

Xavier Grall

« Nous avons tant à changer en nous-même que nous ne devrions même pas nous préoccuper de haïr ceux que nous appelons nos ennemis [...] Je ne vois pas d'autre issue : que chacun de nous fasse un retour sur lui-même et extirpe et anéantisse en lui tout ce qu'il croit devoir anéantir chez les autres. »

Etty Hillesum

L'immense plage de Meneham, à Kerlouan, surnommée la côte des naufrageurs.

2 juillet

Les chemins du Léon, des Abers à Brest

« À gauche du chœur, troué de giclures lumineuses, rayonnait le joyau, le cryptogramme : le vitrail du Dragon et du Saint. Bête vorace, armée de griffes, langues, tentacules, volutes de corne en feu. Et le saint, droit dans son manteau de cris et de sang. [...] Je vis le Dragon saigner dans son linceul d'eau et de mousse. Les innervations de plomb, le lacis des résilles vibrèrent. Le cosmos entrait dans la généalogie, la durée. Il survivait à la fracture, à cette déchirure flamboyante. Le vitrail fondateur me fascinait avec ses ocres, ses grenats, ses émeraudes... »

Philippe Le Guillou

Saint Pol terrassant le dragon,
vitrail de la cathédrale de Saint-Pol de Léon.

OMMENT ST POL
TERRASSA LE DRAGON
VITRAIL DE LABOURET
CARTON DE C. BOIGNARD

3 juillet

Les chemins du Léon, des abers à Brest

« La personne est plus sainte qu'une terre, même quand c'est une terre sainte, car devant une offense faite à une personne, cette terre sainte apparaît, dans sa nudité de pierre et de bois. »

Emmanuel Levinas

« Dieu et l'homme sont comme deux amants qui se sont trompés sur le lieu de rendez-vous : l'homme attend Dieu dans le temps, et Dieu attend l'homme dans l'éternité. »

Simone Weil

Dolmen et calvaire du Guiligui, à Portsall.

4
juillet

Les chemins du Léon, des Abers à Brest

« Ce court précepte t'est donné une fois pour toutes : "Aime et fais ce que tu veux." Si tu te tais, tais-toi par amour ; si tu parles, parle par amour ; si tu corriges, corrige par amour ; si tu pardonnes, pardonne par amour. Aie au fond du cœur la racine de l'amour : de cette racine, rien ne peut sortir de mauvais. »

Saint Augustin

Cheveux au vent, au pardon du Folgoët.

5
juillet

Les chemins du Léon, des abers à Brest

« C'est qu'en réalité il n'y a qu'une même méthode pour pénétrer un pays et un homme : il n'est que de pousser droit au cœur. Cela n'est possible pour la Bretagne qu'avec la mer. Cette mer qui la presse, l'érode, la fouille et la cisèle amoureusement depuis des siècles, s'ouvre aux estuaires des fleuves bretons par de large percées qui sont les vestibules naturels, les voies royales menant au cœur du pays : *Ô Breiz Izel, ô kaera vro !/Koat enne he c hreis, mor enn hé zro !* "Ô Bretagne, dit un poète, ô le plus beau des pays ! Bois au milieu, mer alentour !" »

Charles Le Goffic

L'aber Wrac'h au coucher du soleil. L'eau pénètre dans les terres sur près de trente kilomètres.

6
juillet

Les chemins du Léon, des abers à Brest

« Notre rive à nous qui pleurons, c'est la terre. L'autre rive où ils parviennent, c'est le ciel. C'est ça la mort. Il n'y a pas de morts mais des vivants sur les deux rives. »

André Frossard

« Seigneur, déchire ce voile léger qui nous sépare encore ! »

Saint Jean de la Croix

Bateaux au repos dans la brume d'un aber.

BR279015

7

juillet

Les chemins du Léon, des Abers à Brest

« Ô homme, qui que tu sois, qui dans cette marée du monde, te sens emporté à la dérive parmi les orages et les tempêtes, ne quitte pas des yeux la lumière de cette étoile. Quand se déchaînent les rafales des tentations, quand tu vas droit sur les récifs de l'adversité, regarde l'étoile, appelle Marie ! Si l'orgueil, l'ambition, la jalousie te roulent dans leurs vagues, regarde l'étoile, crie vers Marie ! Si la colère ou l'avarice, si les sortilèges de la chair secouent la barque de ton âme, regarde vers Marie… »

Saint Bernard de Clairvaux

Détail d'une bannière, église du Kreisker, Saint-Pol-de-Léon.

8
juillet

Les chemins du Léon, des Abers à Brest

«… Dans les périls, les angoisses, les situations critiques, invoque Marie, crie vers Marie ! Que son nom ne quitte pas tes lèvres, qu'il ne quitte pas ton cœur, et pour obtenir la faveur de ses prières, ne cesse pas d'imiter sa vie. Si tu la suis, point ne t'égares ; si tu la pries, point ne désespères ; si tu la gardes en ta pensée, point de faux pas. Qu'elle te tienne, plus de chute. Qu'elle te protège, plus de crainte. Sous sa conduite, plus de fatigue. Grâce à sa faveur, tu touches au port. »

Saint Bernard de Clairvaux
(suite et fin)

Porz Grac'h et le phare de l'île Vierge.

9

juillet

Les chemins du Léon, des Abers à Brest

« L'aller pèlerin l'enseigne en permanence ; on ne marche bien que dans le dépouillement, débarrassé du superflu. La règle tient autant du précepte de vie que de la recommandation. Associé au « passage », le voyage devrait être plus souvent considéré comme une parabole de vie. Tous les prophètes l'ont enseigné, certains philosophes également : la voie de la sagesse passe par le dénuement. Dénuement du corps, de l'esprit et des biens… »

Jean-Claude Bourlès

Départ du Tro Breiz devant la cathédrale de Saint-Pol-de-Léon.

10
juillet

Les chemins du Léon, des Abers à Brest

« Le ciel était sans nuages, la mer était sans rides ; d'autres n'y eussent vu que deux steppes bleus l'un sur l'autre ; mais nous, nous qui nous entendions sans avoir besoin de la parole, […] nous nous serrions la main au moindre changement que présentaient soit la nappe d'eau, soit les nappes de l'air, car nous prenions ces phénomènes pour des traductions matérielles de notre double pensée. Qui n'a pas savouré dans les plaisirs ce moment de joie illimitée où l'âme semble s'être débarrassée des liens de la chair, et se trouver comme rendue au monde d'où elle vient ? »

Honoré de Balzac

Escale à l'île de Batz, face à Roscoff.

11
juillet

Les chemins du Léon, des Abers à Brest

« Un cœur tout prêt, un cœur tout prêt pour vous, ô mon Dieu, c'est le mien dans ma poitrine qui chante, et cette élévation en moi vers la gloire qui escalade tous les échelons de la gamme !
En avant, le psaume et la cithare, en avant, ma gloire dans le soleil levant !
Donne-moi des peuples pour instruments, donne-moi des nations pour T'expliquer Qui Tu es !
Le ciel n'est pas à la dimension de Ta bonté, ni la lumière de Ta vérité ! […]
Il n'y a pas d'autre chose que Ta main, c'est la nôtre, pour venir à bout de nos ennemis. »

Psaume 107 (traduction de Paul Claudel)

Détail d'une bannière au pardon de Folgoët.

12
juillet

Les chemins du Léon, des Abers à Brest

« Sous les coiffes de lin, toutes, croisant leurs bras
Vêtues de laine rude ou de mince percale,
Les femmes, à genoux sur le roc de la cale,
Regardent l'Océan blanchir l'île de Batz.

Les hommes, pères, fils, maris, amants, là-bas,
Avec ceux de Paimpol, d'Audierne et de Cancale,
Vers le Nord, sont partis pour la lointaine escale.
Que de hardis pécheurs qui ne reviendront pas !.... »

José-Maria de Heredia

Enfant au pardon du Folgoët.

13 juillet

Les chemins du Léon, des Abers à Brest

«… Par dessus la rumeur de la mer et des côtes
Le chant plaintif s'élève, invoquant à voix hautes
L'Etoile sainte, espoir des marins en péril ;

Et l'Angelus, courbant tous ces fronts noirs de hâle,
Des clochers de Roscoff à ceux de Sybiril
S'envole, tinte et meurt dans le ciel rose et pâle. »

José-Maria de Heredia (suite et fin)

Devant Carantec, l'île Louet, à quelques encablures du château du Taureau.

14
juillet

Les chemins du Léon, des Abers à Brest

« Pourquoi
cette impatience des limites
quand tout ce qui existe
n'est qu'un commencement ?

Le détachement soit ton lot
L'exil ta demeure

Deviens ce va-nu-cœur
sans feu ni lieu
qui marche incognito
dans la complicité des humbles

Suis ton ombre
gardienne veuve du futur
et souviens-toi que tu es étranger
que tous les vents sont apatrides. »

Gilles Baudry

Sur la côte sauvage de Landunvez.

15
juillet

Les chemins du Léon, des Abers à Brest

« Qu'est-ce qui me fait courir chaque matin vers l'Eucharistie ? […] Silence sacré où le relief des choses perd sa fascination, où l'agressivité se transmue en divine douceur, d'où je reviens enfin avec, dans les yeux, les lèvres et le cœur, une joie qui dépasse tout ce que les hommes peuvent m'offrir : paix et joies jaillies d'une source d'éternité. »

Sœur Emmanuelle

« Dieu Tout-Puissant, c'est-à-dire Tout-Possible. Car en vérité Dieu est infiniment précaire : il est à toute extrémité. »

François Cassingena-Trévedy

Dans l'église de Saint-Thégonnec, détail du retable de Notre-Dame-de-Vray-Secours, admirablement restauré après un incendie en 1998.

venite
adoremus

16
juillet

Les chemins du Léon, des abers à Brest

« J'aime à marcher sans but, tout au long d'une plage
La mer comme une amie intime, à mes côtés,
Me parle doucement, et j'entends son langage :
Je suis celui qui passe, Elle est l'éternité.

Chaque vague en mourant vient tourner une page
Elle exprime en chantant que mon temps est compté
Et qu'il importe peu de vivre en fou, en sage,
Car c'est d'avoir aimé qui vaut d'avoir été… »

Yves La Prairie

Plage de Brignogan.

17
juillet

Les chemins du Léon, des abers à Brest

« Mon pays sent le cheval chaud,
L'ajonc broyé, la terre humide,
La boue et le ciel c'est tout comme,
Le vent de la mer et le fumier.
Mon pays sent très pur, très fort,
Le sentait plutôt, je veux dire,
Son parfum s'en va tous les jours
Avec les noms des vieux chemins.
Dolly Pentraeth.
Dolly Pentraeth, il est grand temps
de laisser aller ce qu'on aime.
Le monde a changé son odeur
Ou notre odeur changé de monde… »

Pierre-Jakez Hélias

Chevaux devant le château de Tremazan.

18 juillet

Les chemins du Léon, des abers à Brest

«… Ma langue chante avec ses mots
Les grands aïeux, les pauvres bougres,
La vie et la mort, c'est tout comme,
L'exil du monde et le grand jour. […]
Dolly Pentraeth, il est grand temps
de laisser aller ce qu'on aime
Avec le dernier cri du cœur.
Dont le silence est la réponse. »

Pierre-Jakez Hélias (suite et fin)

« Je suis le grand veilleur, debout sur la tranchée. Je sais ce que je suis. Je sais ce que je fais. L'âme de l'Occident, ses filles, ses fleurs. C'est toute la beauté du monde que je garde cette nuit. »

Yann-Ber Calloc'h
(tué le 10 avril 1917 à Urvillers, à l'âge de 28 ans)

Monument aux morts de l'île Molène.
Les Bretons ont payé un tribut effrayant lors des deux grandes guerres mondiales.

1914-1918
POUR DIEU
ET POUR
LA PATRIE

19
juillet

Les chemins du Léon, des abers à Brest

« Tu es donc parti seul sur ta barque de nuit
Sans autre bagage que ton âme et ton corps
Seul maître à bord pêcheur de rêve et d'absolu
Pur et naïf avec ta barbe de Jésus
Tu as voulu marcher sur la mer éternelle
Vers la grand-mort, du dernier quai du dernier port [...]
Tu salueras pour moi toutes les connaissances
Tous ceux qui sont partis pêcher l'éternité
Aux abers du silence... »

Christian Querré

Les trois-mâts *Bel Espoir II* et *Rara Avis*,
dans la brume de l'aube,
en leur port d'attache de l'aber Wrac'h.

20
juillet

Les chemins du Léon, des Abers à Brest

« Les hommes – presque tous – entreprennent des aventures qui les mènent très loin, qui les égarent très loin, et diffèrent indéfiniment d'entreprendre l'aventure verticale : c'est qu'ils craignent de n'y avoir pas de prise [...]. Au demeurant, ne voit-on pas ceux-là mêmes qui essaient cette aventure chercher comme d'instinct, tôt ou tard, à retrouver prise en mille petites choses tangibles dont ils se promettaient inconsidérément d'être à jamais dépris ? Comme la Verticale est ardue aux pauvres reptiles que nous sommes ! »

François Cassingena-Trévedy

La marchande de jouets de Charles Godeby (1866-1952). Quimper, musée des Beaux-Arts.

21
juillet

Les chemins du Léon, des Abers à Brest

« L'aube dans peu de temps. Une fois de plus la prière des autres la fera naître. J'ai tenu ce fil improbable. Veiller, le cœur obscur, veiller encore, vieillir, près d'un reflet, près d'une fragile tempe bleutée. […] Parfois dans le cœur vide, rincé de toute image, s'allume toute seule une autre lueur, comment le dire : la ferveur, peut-être. J'aime violemment cette vie, je veux toucher sa peau, sa vraie peau sans oripeaux. J'ai soudain l'impression que c'est très simple. Je voudrais un jour, avec juste les mots, dire cette simplicité. Toutes les grimaces en moi n'auraient plus d'importance. »

Jean-Pierre Abraham

Près du Conquet, le phare de Kermorvant est posé sur un rocher qui devient, à marée haute, une île reliée à la terre ferme par un pont de granit.

22
juillet

Les chemins du Léon, des Abers à Brest

« La nostalgie c'est comme les coups de soleil. Ça ne fait pas mal pendant, ça fait mal le soir. »

Pierre Desproges

« L'ultime pointe du soleil disparaît. La mer se referme. Si j'ai su perdre toute rancœur, toute crispation inutile, mon feu sera clair. »

Jean-Pierre Abraham

Embrasement à l'heure du couchant sur l'anse de Poull'log, à Landéda.

23
juillet

Les chemins du Léon, des Abers à Brest

« *Versant humain et versant divin de la douleur*. – Pour atteindre le versant divin, il faut passer par le désespoir. Tant qu'on gravit le versant humain, la prière et l'espérance restent accrochées au moi charnel et fini. On atteint ensuite la ligne de faîte qui est le désespoir absolu. Et puis on descend le versant divin où la prière et l'espérance déracinées sont suspendues à Dieu seul. »

Gustave Thibon

La restauration du calvaire de Plougastel a été financée par des aviateurs américains, auteurs des bombardements qui l'avaient endommagé.

24
juillet

Les chemins du Léon, des Abers à Brest

« J'avais tout en moi pour retrouver la simple assurance de ces moines, il me semble ! Qu'en ai-je fait ? Je suis sûr qu'avec leur manière d'assembler des mauvaises pierres pour emprisonner la lumière et la faire tourner, ils voyaient Dieu : ils le contraignaient violemment à révéler sa hauteur, et sa profondeur, son visage abrupt. Leur foi n'était pas sucrée. Les clartés de l'aube étaient triomphales. »

Jean-Pierre Abraham

À la pointe Saint-Mathieu de Fine-Terre, le phare, qui porte à 60 kilomètres, semble surgir des vestiges de l'église abbatiale dont le chœur est quasiment intact.

25
juillet

Les chemins du Léon, des Abers à Brest

« Il est difficile de peindre la mer, mais il est simple de peindre des vagues. Toutes les couleurs conviennent, elles sont toujours justes, car il existe des vagues de toutes les couleurs. Voilà pourquoi l'artiste dessine beaucoup de vagues, puis il étend des jaunes, des bleus, des verts, des gris, des bruns mêmes. Enfin, il peint le sentiment. C'est le plus important pour la mer. »

Norge

Mur peint à l'île de Molène représentant saint Ronan, le patron de l'île.

26

juillet

Les chemins du Léon, des Abers à Brest

« *D'or mamm Zantez Anna,*
D'an itron Varia,
D'Or Zalver benniget,
Ni 'vo fidel bepred. »

« Ô Sainte Anne notre mère
Ô Madame Marie
Ô notre Sauveur béni
Nous vous serons toujours fidèles. »

(Cantique à sainte Anne)

« Le clocher est semblable à un peuplier.
À la cime perche la Sainte dorée
Dans l'ombre, rose des vents mélancoliques
Avec sa Fille, et sous leurs pieds les Reliques. »

Alfred Jarry

Sainte Anne, la Vierge et l'enfant Jésus, statue polychrome du XVIe siècle.

27
juillet

Les chemins du Léon, des Abers à Brest

« Il est facile d'être de son temps. La belle affaire ! Il suffit de suivre tout le monde et de bêler avec le troupeau. Mais être de son lieu, c'est justement établir entre l'endroit où l'on vit, où l'on a ses occupations, où l'on mène son existence tout entière, entre l'endroit où l'on vit donc, et soi-même, cette espèce d'entente qui fait qu'on finit par approcher de ce qu'on appelle la Sagesse. »

Pierre-Jakez Hélias

Intérieur sauvegardé d'une maison de l'île d'Ouessant, écomusée du Niou.

Précieux Souvenir

28
juillet

Les chemins du Léon, des Abers à Brest

«… Tout simplement
Je vous rends grâce
D'avoir été dans le bondissement incroyable
De votre création

Un pauvre hère mortel divin
Et misérable
Oui, tout simplement
Un être humain… »

Xavier Grall

Croix de Saint-Pol, Ouessant.
Le saint aurait abordé sur cette île
avant la Bretagne continentale.

29
juillet

Les chemins du Léon, des Abers à Brest

« Porté dans la haute mer, j'ouvrirai toutes voiles à la louange »

Saint-John Perse

« Ma tête roule à l'Océan
et c'est une tête de pierre
recueillez le sang du couchant
recueillez l'or de la prière [...] »

Max Jacob

Le couchant sur la mer d'Iroise.

30 juillet

Les chemins du Léon, des Abers à Brest

« J'ai bien envie de chercher refuge dans la nuit quand la Lumière est là fouillant mes ténèbres. »

Christian de Chergé

« Comme il est dit qu'ils seront deux dans une seule chair, les voici trois : ciel, mer et terre, enlacés, embrassés, noués, passionnément noués, dénoués et renoués pour des fécondations sans fin. »

Charles Le Quintrec

Le phare du Minou veille
sur le goulet de Brest.

31
juillet

Les chemins du Léon, des Abers à Brest

« Ici s'est noué il y a bien longtemps, un dialogue immense entre terre et vagues, où se sont façonnés des hommes. Vents, pluies, embruns, et cette odeur inimitable quand la mer donne vie à la terre – la fermentation du goémon dans les champs. Iles, aussi, au bord du monde, comme un rêve de pierre qui aurait levé l'ancre un soir de trop grand vent et nous aurait quittés, et notre vie et notre terre, à la rencontre d'un havre que ne sauront jamais les cartes et portulans, mais dont la nostalgie pourtant nous tient au creux de l'âme – ce lieu enfin qui nous serait Bretagne. »

Michel Le Bris

La croix du Guiligui domine
le port de pêche de Portsall.

1er

août

Les chemins du Trégor et de la côte de granit rose

« Oraison – Pose la première pierre du jour ; la première pierre qui est prière, la première pierre qui est silence. Pose pour commencer, pose le jour sur Lui : sinon tu ne tiendras pas debout. »

François Cassingena-Trévedy

« Porter sa croix signifie : ne plus savoir où donner de la tête, espérer contre toute espérance, croire contre toutes apparences, aimer quand rien n'est plus aimable. »

Maurice Tornay

Pèlerin entrant dans la cathédrale
Saint-Tugdual de Tréguier.

2

août

Les chemins du Trégor et de la Côte de Granit Rose

« Je ne sais pas parler breton !
C'est en clair langage de France
Que je dis ma foi, ma souffrance.
Il s'accorde très bien au ton voilé d'un regret solitaire
Mais lorsque je pense à la terre
Où mes durs ancêtres peinaient
Sur mes lèvres un mot renaît
Et quand j'ai le mal du pays
C'est : "Ma bro ! Ma bro !" que je dis. »

Jeanne Bluteau

Paysage champêtre du Trégor.

3

août

Les chemins du Trégor et de la côte de granit rose

« Non pas simplement prier Jésus, mais prier dans la prière même de Jésus, qui est de demande (Mt 26,9) et d'action de grâces (Mt 11,25). C'est la prière même, Sa Prière, qui est notre maison ; c'est dans cet Intérieur-là, immense, qu'il nous faut entrer. »

François Cassingena-Trévedy

« Jamais on n'avait vu tant d'argent rouler pour le plaisir, et l'argent se refuser à ce point au travail. Et tant d'argent rouler pour le luxe, et l'argent se refuser à ce point à la pauvreté. »

Charles Péguy

Le tombeau de saint Yves dans la cathédrale Saint-Tugdual de Tréguier.

Merci Saint Yves
MERCI

4
août

Les chemins du Trégor et de la côte de granit rose

« Sainte Marie, mère de Dieu,
gardez-moi un cœur d'enfant,
pur et transparent comme une source.
Obtenez-moi un cœur simple, qui ne savoure pas les tristesses.
Un cœur magnifique à se donner,
tendre à la compassion,
un cœur fidèle et généreux,
qui n'oublie aucun bien et ne tienne rancune d'aucun mal… »

Léonce de Grandmaison

Jeune fille en costume de son pays.

5
août

Les chemins du Trégor et de la Côte de Granit Rose

«… Faites-moi un cœur doux et humble,
aimant sans demander de retour,
joyeux de s'effacer dans un autre cœur […].
Un cœur grand et indomptable,
qu'aucune ingratitude ne ferme,
qu'aucune indifférence ne lasse,
un cœur tourmenté de la gloire de Jésus-Christ,
un cœur blessé de son amour,
et dont la plaie ne guérisse qu'au ciel.»

Léonce de Grandmaison (suite et fin)

Un menhir christianisé.

6
août

LES CHEMINS DU TRÉGOR ET DE LA CÔTE DE GRANIT ROSE

« Nous ne sommes que des hommes de chair et de sang, de souffle et de néant, herbe desséchée, ombre fugitive, fleur qui se fane, ignorants de ta vérité, vidés de ta droiture.
Et pourtant, ô Eternel notre Dieu, tu mendies notre louange.
C'est toi qui mets en mouvement le soleil et les autres étoiles.
C'est toi qui relèves les pauvres et inquiètes les satisfaits.
C'est toi qui berces les cœurs endoloris et qui fais marcher les bâtisseurs.
C'est toi qui nous fais avancer, nous le peuple des errants, des nonchalants et des coupables, nous le peuple de tes enfants. »

Alain Houziaux
(d'après une prière juive)

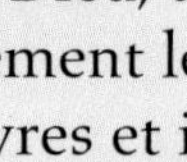

Bannière de saint Efflam et ses compagnons.

SANT EFFLAM PEDIT EVIDOM
KANAD AN AVIEL
EN HOR BRO
S TUDER
S HARRAN
S KEMO
S KARRE
S KIRIO
S MERIN
S ENORA

7

août

LES CHEMINS DU TRÉGOR ET DE LA CÔTE DE GRANIT ROSE

« Il faut avoir touché la mer ardente,
pris vraiment la mer avec un corps nu,
senti l'épaisseur du sel et du sang
peser sur la chair comme un arbre blanc
pour savoir où sont les pays perdus,
pour ne pas cesser de brûler d'attente. »

Jean-Claude Renard

Plage de l'île Grande,
au nord de Trébeurden.

8

août

Les chemins du Trégor et de la côte de granit rose

« Tous ceux qui n'auront pas aimé la mer,
qui n'auront pas baigné dans sa rumeur,
sucé la nuit, l'eau large et capitale,
les grands raisins de la noce natale,
ne pourront pas entrer dans la ferveur,
seront passés près des départs ouverts… »

Jean-Claude Renard (suite)

Peinture murale de l'église Saint-Gal de Langast, représentant le grand prêtre Melchisédech.

mel
chi
se
dec;

9

août

Les chemins du Trégor et de la côte de granit rose

«… Les bienheureux seuls comprendront la mer,
la miséricorde et la pauvreté,
ceux qui s'en iront dans d'autres pays,
ceux qui auront cru dans la joie du Christ
avec un désir doux comme l'été,
qui se mêleront au mystère amer. »

Jean-Claude Renard (suite et fin)

Pardon des chevaux sur l'île Saint-Gildas,
Port-Blanc.

10 août

Les chemins du Trégor et de la côte de granit rose

« Anéantir dans la peinture le temps, l'usure et l'habitude, c'est une façon de mettre des cloisons étanches pour se préserver des mauvais moments. »

François Jouas-Poutrel

« Ici tu soupèses
le versant naufrageur de la vie.
Ton cœur, autre face de l'Éternel
inverse le sens des jours.
Ici, pas d'écriteau
le lointain ou rien. »

Jean-Albert Guénégan

François Jouas-Poutrel, ancien gardien du phare des Sept-Îles (aujourd'hui automatisé), montre l'emplacement de son feu sur la carte marine.

Les Couillons de Tomé
La Clarté
Entrée du Port Blanc
Le Cerf
N

11
août

Les chemins du Trégor et de la côte de granit rose

« On n'en finit jamais de froisser la poussière des chemins sous nos sandales, d'être ce bateau ivre qui dit, tout à la joie de se lancer dans l'inconnu, d'aller au-devant de ce qui advient. Aimons la lenteur qui sera bientôt la forme unique du merveilleux moderne. »

Pierre Sansot

«… Je crus entendre ces paroles qui, dans l'Ecriture sainte, sont dites pour le jeune Tobie : N'hésitez plus car elle vous fut destinée dès l'éternité, elle marchera avec vous dans le même chemin et le Seigneur miséricordieux vous sauvera l'un par l'autre. »

Frédéric Ozanam

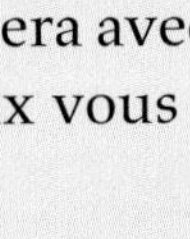

Chapelle et pointe de la Trinité, Ploubazlanec.

12
août

Les chemins du Trégor et de la Côte de Granit Rose

« Ce qu'il y a de plus horrible au monde, c'est la justice sans la charité. »

François Mauriac

« Défendre les affligés et affliger les importants. »

Devise d'un journal américain

Le troisième dimanche de mai, la châsse contenant le chef de saint Yves est portée en procession par les hommes de loi.

SANCTI

13
août

LES CHEMINS DU TRÉGOR ET DE LA CÔTE DE GRANIT ROSE

« Je suis née de la mer et ne le savais plus
Mais l'homme au bras marin me parla de l'écume
Et l'humus des forêts fut le sable des dunes
Et les bergers laissant leurs troupeaux de moutons
Au premier loup venu gardèrent des poissons. [...]
Je suis née de la mer et ne l'ai reconnu
Qu'au bras de mon amour et ne l'oublierai plus. »

Angèle Vannier

L'île d'Avalon, lieu de « dormition » du roi Arthur, près de l'île Grande.

14

août

Les chemins du Trégor et de la côte de granit rose

« Mon amour est un chardon, c'est un désir de force et de violence, il est comme les quatre parties de la terre, il est sans fin comme le ciel : c'est la brisure du cou, c'est une noyade dans l'eau, c'est une bataille contre une ombre, c'est une course vers le ciel, c'est une course aventureuse sous la mer, c'est un amour pour une ombre… »

Histoire d'Etaine (IXe siècle)
(recueillie par Jean Markale)

15
août

Les chemins du Trégor et de la côte de granit rose

« Je te salue, Marie, Reine du monde.
Tu es la mère du bel amour.
Tu es la Mère de Jésus,
Source de toute grâce,
Le parfum de toute vertu,
Le modèle de toute pureté.
Tu es la joie dans les larmes,
La victoire dans le combat,
L'espérance dans la mort.
Combien doux est ton nom
Sur nos lèvres,
Combien il est harmonieux à nos oreilles,
Combien il enivre notre cœur !
Tu es la joie de ceux qui souffrent,
La couronne des martyrs,
La beauté des vierges.
Après cet exil, nous t'en prions,
guide-nous vers ton Fils Jésus. Amen. »

Jean-Paul II

Vierge à l'Enfant Jésus, dans l'église du village de Tredrez (début XVe siècle), au sud de Locquémeau.

16
août

Les chemins du Trégor et de la côte de granit rose

« […] ville emmêlée de cheveux vierges
te quitter pour un bout d'océan
te quitter ! j'y pense j'y repense
ne pense qu'à ça
te quitter
folie
provisoire
qu'éternise un regard
paris-août a mis les voiles
plat-paris comme grève
ah ! ma folie
folie aller folie retour
de la folie
j'en ai plein mes filets […] »

François-Xavier Maigre

L'oratoire Saint-Guirec – ici, à marée basse – fait face à l'île de Cost-Aérès où se dresse un extravagant château néogothique.

17
août

Les chemins du Trégor et de la côte de granit rose

« Si nous considérons notre vie dans son rapport au monde, il nous faut résister à ce qu'on prétend faire de nous, refuser tout ce qui se présente – rôles, identités, fonctions – et surtout ne jamais rien céder quant à notre solitude et à notre silence. Si nous considérons notre vie dans son rapport à l'éternel, il nous faut lâcher prise et accueillir ce qui vient, sans rien garder en propre. D'un côté tout rejeter, de l'autre consentir à tout : ce double mouvement ne peut être réalisé que dans l'amour où le monde s'éloigne en même temps que l'éternel s'approche, silencieux et solitaire. »

Christian Bobin

La Création du monde ; chapelle Saint-Gonéry, à Plougrescant, le plafond offre une succession de fresques de la fin du XVe et du XVIIIe siècles.

18
août

Les chemins du Trégor et de la Côte de Granit Rose

« Cette cave figurait le dedans d'une tête de mort énorme et splendide ; la voûte était le crâne, et l'arche était la bouche ; les trous des yeux manquaient. Cette bouche, avalant et rendant le flux et le reflux, buvait de la lumière et vomissait de l'amertume. De certains êtres, intelligents et mauvais, ressemblent à cela. »

Victor Hugo

« La foi n'est pas une connaissance mais une perte de connaissance dans l'abîme. »

Marie Noël

Le Gouffre,
pointe de Castel-Meur-en-Plougrescant.

19

août

Les chemins du Trégor et de la Côte de Granit Rose

« Il n'est pas de bruit, de pluie, de vent, d'arbres brassés et de ressacs sur les hautes solitudes telluriques qui ne retrouve en nous son original maritime. Et c'est pourquoi nous ne pouvons entendre se froisser une vague sur le sable sans avoir envie de partir et de nous enfoncer dans le sillage des bateaux ivres qui hantent les mers de la poésie et de la géographie intérieure, en quête de leur Thulé, de leur Jérusalem engloutie, ou d'un Dieu monstrueux en forme de cachalot blanc. »

Jean Carrière

Port d'Erquy. L'homme de la mer entretient le bateau, son outil de travail.

FURUNO

20
août

Les chemins du Trégor et de la côte de granit rose

« Les blés sont bleus et blonds
Tout emmêlés de rêve
Quand les épis fauchés
Culbutent dans l'azur
S'élève alors un chant
Un chant de paille fraîche
En cette pleine mer
De moissons déroulées.

Ombre chaude de l'heure
Aux doigts des digitales
Je cueille la tendresse
D'un nuage léger
Le cœur s'emplit de joie
Quand la raison s'évade
Le songe se blottit
Où respire l'été… »

Jane Guégan

De la croix Maudez à l'île de Bréhat,
devant la chapelle Saint-Michel,
merveilleux tableau sur l'archipel et ses îlots.

21

août

Les chemins du Trégor et de la côte de granit rose

«… Au-delà de ces brises
Au-delà de cette heure,
Des sèves, des musiques,
Des voix aériennes
Monte tout palpitant
Le secret des labeurs
Aube des éléments
Lorsque le grain se meurt.

Un grand élan jaillit
Au repli du silence
Prélude d'un concert
Merveilleuse alliance
De l'eau et de la terre
Du soleil et du vent
Unis en notre chair
Coulés en notre sang.»

Jane Guégan (suite et fin)

Ruisseau fleuri de la forêt de Coat-an-Noz (forêt de la nuit), au sud de Belle-Île-en-Terre.

22

août

Les chemins du Trégor et de la côte de granit rose

« D'effrayants pendentifs menacent, mais ne tombent pas. On ne sait pas comment tiennent ces bâtisses vertigineuses. Partout des surplombs, des porte-à-faux, des lacunes, des suspensions insensées ; la loi de ce babélisme échappe ; l'Inconnu, immense architecte, ne calcule rien, et réussit tout ; les rochers, bâtis pêle-mêle, composent un monument monstre ; nulle logique, un vaste équilibre. C'est plus que de la solidité, c'est de l'éternité. En même temps, c'est le désordre. Le tumulte de la vague semble avoir passé dans le granit. Un écueil, c'est de la tempête pétrifiée. »

Victor Hugo

Chaos de granit rose, sur le sentier des Douaniers qui relie la plage de Trestaou au port de Ploumanac'h.

23

août

Les chemins du Trégor et de la Côte de Granit Rose

« Tu entres dans la caverne pour faire silence, et le silence fait une caverne de toi ; le silence te fouille et te creuse, pour que Dieu même habite au creux de toi. »

François Cassingena-Trévedy

« Toute beauté ne peut résider quand même sous le soleil officiellement constant et sec de la Méditerranée. Les soleils mouillés de Bretagne dorent de petits monuments farouches qui appartiennent avec la même vigueur au royaume des œuvres belles. »

Henri Queffélec

L'arbre à la fontaine de Tonquédec, près Lannion.

24

août

Les chemins du Trégor et de la côte de granit rose

« Et l'Océan, déjà, comme un œil ouvert… Un jour, nous sommes venus du fond de l'horizon et nos vaisseaux étaient de pierre, et nous étions très bons. Aussi bien notre lieu est toujours au-delà – et cette folie pour notre terre… La mer, ailleurs, se fait obstacle, limite, frontière, dit-on : ici, elle est en nous, déjà, au fond des prunelles pâles, où le ciel s'évade. J'ai rêvé ma Bretagne comme une frégate immense, qui aurait levé l'ancre un matin de grand vent, et l'Atlantique s'ouvrait sous son beaupré – nous irons quelque jour par-delà l'horizon, à la recherche de nos Irlandes… »

Michel Le Bris

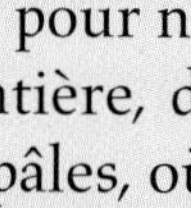

Croix des veuves en Ploubazlanec, d'où les femmes des pêcheurs d'Islande guettaient le retour incertain de leurs hommes.

25

août

Les chemins du Trégor et de la Côte de Granit Rose

« À dessein l'océan se résume en un simple petit galet, bien rond, bien poli, bien translucide et préhensible par un enfant, pour que ce petit galet prenne à son tour insensiblement la place du cœur ; pour que le cœur qui le recueille cesse d'être de pierre et devienne l'océan ; pour que le cœur, en somme, tienne à cœur de l'océan lui-même. »

François Cassingena-Trévedy

Petits cairns de galets édifiés par les promeneurs
sur le sillon de Talbert, langue de sable
et de galets façonnée sur trois kilomètres
par les courants opposés du Jaudy et du Trieux.

26
août

Les chemins du Trégor et de la côte de granit rose

« Son navire, Fleur des Bois, ayant fait naufrage le 2 octobre, en revenant de la Martinique en France, tout l'équipage avait quitté le bord précipitamment, à l'exception du mousse qui fut abandonné et du capitaine en second qui avait la jambe fracassée [...]. Condamnés à rester sur l'épave, ces derniers s'amarrèrent de leur mieux au bossoir, et c'est de là qu'ils virent leurs compagnons se noyer les uns après les autres. Grâce à des fruits qu'ils étaient parvenus à sauver, ils purent prolonger leur existence pendant seize jours... »

Lettre de M. Duchesne
(capitaine du steamer *Washington*, novembre 1854)

Ex-voto et bannières dans la chapelle du Yaudet, qui possède une superbe Vierge couchée au centre du retable.

27 août

Les chemins du Trégor et de la côte de granit rose

«… Mais, au bout de ce temps, l'homme cédant à la souffrance et perdant tout espoir de salut, s'abandonna à la mer ; le mousse resta seul, à moitié mort de fatigue et de faim […].
— Quel âge as-tu ? lui demandai-je.
— Dix ans.
— À quoi pensais-tu pendant ces dix jours sur ton bossoir ?
— À sainte Anne. J'avais dix francs dans ma poche. De temps en temps je mettais la main dessus, en me disant : "Si j'échappe, j'achèterai un beau cierge pour la Bonne Mère sainte Anne d'Auray". »

Lettre de M. Duchesne
(suite et fin)

L'ex-voto, de Henri Royer (1869-1938).
Quimper, musée des Beaux-Arts.

28
août

Les chemins du Trégor et de la Côte de Granit Rose

« Je crois que ceux-là qui ont prié devant la mer seront bénis par Celui qui a créé la Mer. »

Xavier Grall

« Il y a dans ce qui commence une source, une race qui ne revient pas.
Un départ, une enfance que l'on ne retrouve, qui ne se retrouve jamais plus.
Or la petite espérance
Est celle qui toujours commence. »

Charles Péguy

Vestiges bucoliques du cloître de l'abbaye de Beauport, près de Paimpol, début XIIIe siècle.

29

août

Les chemins du Trégor et de la côte de granit rose

« Au port des amours sans visage
On entend la cloche des eaux
Sonner l'appel du long passage
Et gémir l'âme des bateaux.

Beau matelot pour une femme,
Algue verte au bras des brisants,
Ton corps se tord, roule à la lame,
C'est pourquoi la mer pleure blanc.

Il n'y a plus de port à l'île,
L'éternité reprend son dû
Et l'on voit le matin perdu
Mettre le cap sur l'Évangile. »

Pierre Osenat

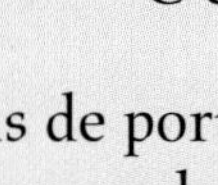

Petit oratoire sur les rochers de Port-Blanc.

30
août

Les chemins du Trégor et de la Côte de granit rose

« Je suis né au milieu de la mer
Trois lieues au large ;
J'ai une petite maison blanche là-bas,
Le genêt croît près de la porte
Et la lande couvre les alentours.

Je suis né au milieu de la mer
Au pays d'Armor. »

Jean-Pierre Calloc'h

La petite maison de Plougrescant, nichée entre deux rochers sur un îlot, dans le site protégé de Castel-Meur.

31
août

LES CHEMINS DU TRÉGOR ET DE LA CÔTE DE GRANIT ROSE

« Dieu est la lumière qui m'éclaire, et j'aurais peur ?
Dieu est le garant de mon existence, et vous voudriez que je tremble ?
[…] Je ne demande qu'une chose, une seule chose et je la demande bien ! Dieu tous les jours de ma vie comme une maison pour y habiter !
Que j'ouvre les yeux à Dieu pour me repaître de Lui et cette perquisition à l'infini de Son temple !
Il a trouvé au fond de son tabernacle un coin pour m'y cacher : un recoin pour m'y donner asile au plus intérieur de Son tabernacle. »

Psaume 26 (traduit par Paul Claudel)

La chapelle, style Art déco, du lycée Saint-Joseph, à Lannion, « sommet de la décoration religieuse » par Xavier de Langlais.

1er

septembre

LES CHEMINS DU GOËLO ET DE LA CÔTE D'ÉMERAUDE

« Jésus habite en bas. C'est une tiare
Là haut, le phare que les archanges
Tiennent depuis des siècles et des siècles à deux mains. »

Max Jacob

« Dieu voyait pour moi plus grand que moi. Il ne m'a pas permis de m' "installer" sur terre. Il m'a forcée à avoir besoin du Ciel. »

Marie Noël

Sommet du retable d'Yves Corlay (XVIIIe siècle), cathédrale Saint-Étienne de Saint-Brieuc.

2 septembre

Les chemins du Goëlo et de la côte d'Émeraude

« Sur le sable la mer qui monte prend la pose
Comme elle, au chaud du lit, tu veux t'anéantir
Et lorsque tu me fuis et lorsque tu m'attires
Le flux et le reflux débordent sur les choses.

Combien de temps encor jetés dans la lumière
Où passent les frelons noirs de l'arrière-été
Pourrons-nous éviter les pièges du péché
Et donner à l'amour le poids de notre chair ? »

Charles le Quintrec

Baie de Saint-Brieuc.

3

septembre

Les chemins du Goëlo et de la Côte d'Émeraude

« Pour hâter le règne de Dieu qui est esprit, m'avait-il écrit [Max Jacob] un jour de cette même année mil neuf cent trente-neuf, il faut que chacun chasse de soi le diable en multipliant les actes de spiritualité : méditation profonde, actes d'amour pur infini. C'est la meilleure façon de chasser la guerre, les cataclysmes et les épidémies, toutes œuvres du diable. La plus considérable des armes contre Hitler, c'est la prière violente. »

Louis Guilloux

Icône du phare des Roches Douvres présentant le combat biblique de Jacob contre l'Ange, peinte par François Jouas-Poutrel, ancien gardien de phare.

4
septembre

Les chemins du Goëlo et de la Côte d'Émeraude

« Il y a des grâces de salut pour le monde qui passent par nos angoisses pour le salut de nos enfants, à travers nos manques et notre impuissance envers eux. »

Geneviève de Gaulle Anthonioz

« Je dis toujours aux gens qui souffrent que la souffrance est un baiser de Jésus, un signe qu'ils sont tout près de Lui sur la croix, tellement près que là Jésus peut les embrasser. »

Mère Teresa

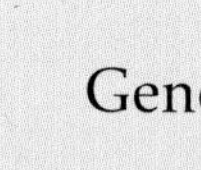

Calvaire.

5
septembre

Les chemins du Goëlo et de la côte d'Émeraude

« Entrez en vous-même, sondez les profondeurs où votre vie prend sa source. [...] Cette plongée que je vous demande n'aura pas été vaine. Votre vie lui devra en tout cas des chemins à elle. »

Rainer Maria Rilke

« Je sais ce que vous allez me dire. Il faut rentrer en vous-même... Je suis rentré en moi-même plusieurs fois. Seulement, voilà, il n'y avait jamais personne. Alors, au bout d'un moment, j'ai eu peur et je suis ressorti faire du bruit dehors pour me rassurer. »

Jean Anouilh

La pointe du Paon, île de Bréhat.

6 septembre

Les chemins du Goëlo et de la Côte d'Émeraude

« Mon Dieu ne ferme pas
L'océan sur mes pas.

Toi qui m'as pris vivant
sur la grève et bagué
pour être des tiens,
Ne brise pas le songe
allaitant ma voix

Ma mémoire à ton nom
se réveille blessure
Et la nuit peut bercer
Mon ombre de gisant !… »

Yann Queffélec

La pointe de l'Arcouest, près de Ploubazlanec,
offre une vue remarquable
sur l'archipel de Bréhat et ses îlots.

7 septembre

Les chemins du Goëlo et de la Côte d'Émeraude

«… Ce sont toujours nos cris perdus entre les murs,
Hôpital ou prison, ce sont nos cris d'humains
disloqués, battus, fous, nos humbles cris d'enfant
qui maintiennent les clous étoilés sur ta croix.

Combien d'éternité pour trouver ta mesure
Et combien de douleurs pour n'être plus que toi.

Sauve-nous, il est temps. »

Yann Queffélec (suite et fin)

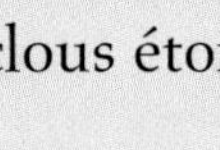

Détail d'un vitrail montrant le supplice de sainte Barbe, à Montcontour.

8
septembre

Les chemins du Goëlo et de la Côte d'Émeraude

« Tous ceux qui ont ressenti le charme puissant de l'Armor, battu de vent et d'océan, l'incantation de l'Argoat fait de forêts, d'eaux et de landes, savent bien au fond d'eux-mêmes que les dieux n'ont point cessé de hanter cette péninsule. Qui saura les chercher les rencontrera dans les vallons d'ombre et dans les tourbières, sur les âpres déchirures rocheuses des côtes, sur les sommets que nous avons gravis [...]. Ils sont là, comme sont toujours là [...] les pierres dressées en symboles et témoignages. L'Autre Monde est proche de nous, et il suffit pour le découvrir de lui ouvrir nos yeux. »

Gwenc'hlan Le Scouëzec

Pierre-calvaire en Argoat.

9

septembre

Les chemins du Goëlo et de la Côte d'Émeraude

« Tes morts revivront, leurs cadavres ressusciteront. Réveillez-vous, criez de joie, vous qui demeurez dans la poussière, car ta rosée, Seigneur, est une rosée de lumière, et la terre ramènera au jour les trépassés. »

Isaïe 26, 19

« Pourquoi cherchez-vous parmi les morts celui qui est vivant ? – C'est la parole qu'on devrait graver sur le porche de tous les cimetières. »

Gilbert Cesbron

Sur l'un des murs du cimetière de Ploubazlanec, des planches de bois gravées rappellent le lourd tribut payé par les pêcheurs d'Islande.

A MÉMOIRE DE
Mathilde
en mer,
"Bar-Avel" en
de 33 ans
REGRETS
EN
MEMOIRE
DE
JEAN
DERRIEN
DISPARU
A BORD DU
PLUVIER
AGE DE
A LA
MEMOIRE
DE
EPOUX
DISPARU A L'AGE
26 ANS
A BORD DU

10

septembre

Les chemins du Goëlo et de la Côte d'Émeraude

« Heureux qui s'abandonne à la tendresse humaine
Et qui reçoit du monde autant qu'il a donné !
J'ai semé le grain d'or et n'ai pas moissonné ;
Mais je porte en mon âme indulgente et hautaine
La consolation d'avoir tout pardonné. [...]
Et je veux seulement que soit pure de brume
Des horizons d'été la sainte profondeur
Et qu'au large des mers quelque oiseau migrateur
S'attachant aux longs plis de mon linceul d'écume
Puisse se rassasier de l'amour de mon cœur. »

O.V. de L. Milosz

La croix de Saint-Maurice domine l'immense baie de Saint-Brieuc.

11

septembre

Les chemins du Goëlo et de la Côte d'Émeraude

« Commencer par soi, mais non finir par soi ; se prendre pour point de départ, mais non pour but ; se connaître, mais non se préoccuper de soi. »

Martin Buber

« Jésus, tu n'as pas de pierre où reposer ta tête ?
Mon cœur est une pierre.
Prends-la. »

Clément Ridart

Sur le GR 34 – soit 2 000 kilomètres environ de sentiers bordant la côte la plus découpée du monde.

12 septembre

« La course est terminée, je dois quitter la barque
Les alizés sournois m'ont drossé à la côte
Le gouvernail sage et les voiles qu'on étarque
S'étalent sur la grève en proclamant ma faute.

Mon cadavre impuissant implore le pardon
Faisant soudain surgir l'image des tempêtes
Les embruns, les cyclones, les lames des grands fonds
Les requins affamés qui attendent leur fête !... »

Gwenn-Aël Bolloré

La rivière du Gouët, à Saint-Brieuc.

13
septembre

Les chemins du Goëlo et de la Côte d'Émeraude

«… Mes frères, jugez-moi en tant que capitaine
Et vous, mon Créateur, en tant que familier
Mon bateau était vieux, j'ai péri à la peine
J'ai laissé ma carcasse en celle du voilier.

La course est terminée, je dois quitter la barque
Les alizés sournois m'ont drossé à la côte
Le gouvernail sage, les voiles qu'on étarque
S'étalent sur la grève en proclamant mes fautes. »

Gwenn-Aël Bolloré (suite et fin)

Vierge de porcelaine sur une maison de Moncontour.

14

septembre

Les chemins du Goëlo et de la Côte d'Émeraude

« Aucune vie n'est parfaite, aucune n'est perdue, toutes sont sauvées. »

Sœur Emmanuelle

« L'humour est le marteau des idoles, surtout de celles que l'on se fabrique de soi-même ; il met de la distance entre soi et soi ; il trace entre soi et soi ce tout petit chemin, ce bienheureux petit chemin qui suffit pour que l'on se quitte et que l'on s'en aille de soi-même. »

François Cassingena-Trévedy

15 septembre

Les chemins du Goëlo et de la Côte d'Émeraude

« Mets ta confiance dans le Monsieur d'en haut : et alors tu crois qu'il n'y comprend rien, à ce pauvre cœur ?
Explique-Lui seulement la situation : et alors je ne te dis qu'une chose : laisse-Le faire !
La justice tout à coup se fera jour, la vérité se fera jour comme le soleil en plein midi. Maintenant joins les mains, prie, baisse la tête ! […]
Moi, il y a quelqu'un […] qui me sauvera, quelqu'un qui me dégagera, quelqu'un qui me délivrera… Ah tout mon espoir est en Lui ! »

Psaume 36 (traduit par Paul Claudel)

Le fort La Latte, édifié au XIVe siècle, épouse la forme du site extrêmement escarpé, dominant l'une des plus belles baies de Bretagne.

16 septembre

Les chemins du Goëlo et de la Côte d'Émeraude

« Voilà le secret d'être infatigables.
C'est de dormir. Pourquoi les hommes n'en usent-ils pas.
J'ai donné ce secret à tout le monde, dit Dieu. Je ne l'ai pas vendu.
Celui qui dort bien, vit bien. Celui qui dort, prie.
Aussi celui qui travaille, prie. Mais il y a un temps pour tout. Et le sommeil et le travail. Et le travail et le sommeil sont les deux frères. Et ils s'entendent très bien ensemble… »

Charles Péguy

Vitrail de la chapelle Notre-Dame-de-la-Fontaine représentant saint Brieuc, fondateur de la ville, et l'échelle de Jacob.

17
septembre

Les chemins du Goëlo et de la Côte d'Émeraude

«… Le sommeil est l'ami de l'homme. Le sommeil est l'ami de Dieu.
Le sommeil est peut-être ma plus belle création.
Et moi-même je me suis reposé le septième jour.
Celui qui a le cœur pur, dort. Et celui qui dort a le cœur pur.
C'est le grand secret d'être infatigable comme un enfant.
D'avoir comme un enfant cette force dans les jarrets.
Ces jarrets neufs, ces âmes neuves…
Or on me dit qu'il y a des hommes qui travaillent bien et qui dorment mal. Qui ne dorment pas. Quel manque de confiance en Moi… »

Charles Péguy (suite)

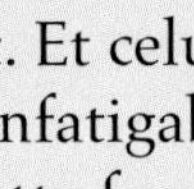

Au pied d'une croix de granit,
deux enfants rêvent dans les hortensias.

18
septembre

Les chemins du Goëlo et de la Côte d'Émeraude

«… C'est presque plus grave que s'ils travaillaient mal mais dormaient bien.
Que s'ils ne travaillaient pas mais dormaient, car la paresse n'est pas un plus grand péché que l'inquiétude. […]
Comme l'enfant se couche innocent dans les bras de sa mère ainsi ils ne se couchent point innocents dans les bras de ma Providence.
Ils ont le courage de travailler. Ils n'ont pas le courage de ne rien faire.
De se détendre, de se reposer. De dormir.
Les malheureux ils ne savent pas ce qui est bon…
Pauvres enfants ils suivent la sagesse humaine… »

Charles Péguy (suite)

L'impressionnant cap Fréhel : une falaise découpée, surmontée d'un phare et battue par les vents.

19

septembre

Les chemins du Goëlo et de la côte d'Émeraude

«… La sagesse humaine dit : Ne remettez pas au lendemain ce que vous pouvez faire le jour même.
Et moi je vous dis : Remettez à demain ces soucis et ces peines qui aujourd'hui vous rongent. Et aujourd'hui pourraient vous dévorer.
Parce que d'ici demain, moi, Dieu, j'aurai peut-être passé.
La sagesse humaine dit : Malheureux qui remet à demain.
Et moi je dis Heureux, heureux qui remet à demain. Heureux qui remet.
C'est-à-dire Heureux qui espère. Et qui dort. »

Charles Péguy (suite et fin)

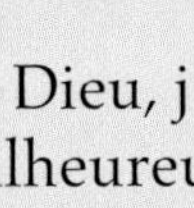

Détail d'un vitrail « arbre de Jessé », église Saint-Mathurin de Moncontour.

20
septembre

Les chemins du Goëlo et de la Côte d'Émeraude

« Les pauvres, les paumés, les malades, les suicidés en qui j'ai vu
Ton visage.
Eux aussi présents tous les jours.
Élève-les jusqu'à Ton épaule pour les consoler. »

Michael Lonsdale

« L'émerveillement crée en nous un appel d'air. L'éternel s'y engouffre à la vitesse de la lumière dans un espace soudain vidé de tout. »

Christian Bobin

Vue sur la baie de Fréhel, au loin le fort La Latte.

21
septembre

LES CHEMINS DU GOËLO ET DE LA CÔTE D'ÉMERAUDE

« Marie est l'hôpital des pécheurs. »

Saint Basile

« Il y a un premier versant de la vie pour choisir ce que l'on aime, et puis il y a un autre versant de la vie pour aimer – progressivement – ce que l'on a choisi. »

François Cassingena-Trévedy

Vierge à l'enfant sur une maison de Moncontour.

AV.M

22
septembre

Les chemins du Goëlo et de la côte d'Émeraude

« Ce n'est pas moi qui dois venir
Je ne suis qu'une voix clamant dans le désert
Amis, je ne suis pas celui qui doit venir
Il faut le dire
Car les cieux passeront et la terre et la mer
Mais le Verbe vivra, il vivra dans la chair… »

Antony Lhéritier

23
septembre

Les chemins du Goëlo et de la Côte d'Émeraude

«… Celui qui doit venir n'aura pas mon visage
Mais il aura ma voix
Ma voix de feuille et de nuage
Et son appel réveillera
Les morts entre les morts pour un autre partage… »

Antony Lhéritier (suite)

Maisons anciennes de la place de l'Apport à Dinan.

24

septembre

Les chemins du Goëlo et de la côte d'Émeraude

«… Celui qui donnera la vie
Ce n'est pas moi, vous le savez
Je ne peux pas donner la vie
Celui-là seul qui a livré
Sa chair à la Parole aura le droit de vie

Vous le reconnaîtrez… »

Antony Lhéritier (suite)

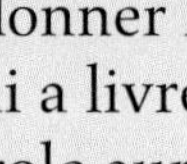

Porche roman de la basilique
Saint-Sauveur de Dinan.

25
septembre

Les chemins du Goëlo et de la Côte d'Émeraude

«… Il me reste ma joie et si je vous la donne
Il ne me reste rien
Voilà pourquoi je vous la donne.

Je dois aller par des chemins
Où ne passe jamais personne.»

Antony Lhéritier (suite et fin)

Chemin du Ménez Bré.

26
septembre

Les chemins du Goëlo et de la Côte d'Émeraude

« Mes filles, vous fuirez la laideur en tout, y compris en matière liturgique. […] Tout homme peut prétendre à son bol de splendeur, aussi nécessaire que le riz et le pain. La laideur dans l'Église, c'est le Diable dans le bénitier. La beauté est signée de Dieu. Vous vous garderez de confondre l'humilité avec le mauvais goût comme le font tant de clercs aujourd'hui. Tant vaut le rite, tant vaut la foi. »

Xavier Grall

Cuve baptismale (XIIIe siècle) de l'église abbatiale Saint-Magloire de Léhon, près de Dinan.

27

septembre

Les chemins du Goëlo et de la Côte d'Émeraude

« En vain la mer fait le voyage
Du fond de l'horizon pour baiser tes pieds sages,
Tu les retires
Toujours à temps. »

Léon-Paul Fargue

« Connaître, c'est traverser. Aimer, c'est se laisser traverser. »

Vincent La Soudière

Le balcon d'Émeraude, Saint-Briac.

28

septembre

LES CHEMINS DU GOËLO ET DE LA CÔTE D'ÉMERAUDE

« Quand il n'y aurait qu'un seul cœur au monde à souffrir certaines souffrances, un seul corps à connaître l'agonie de la mort, cela exigerait une justification ; et quand il n'y aurait que la souffrance d'un seul enfant ; et quand même les animaux seuls souffriraient sur la terre, cela, tout cela, exigerait une justification. »

Raïssa Maritain

Calvaire de la vieille église Saint-Lunaire.

29
septembre

Les chemins du Goëlo et de la Côte d'Émeraude

« J'appareille tout seul vers la Face rayonnante de Dieu. »

René Guy Cadou

« "Seigneur, où étais-tu lorsque j'ai tant pleuré ? Pourquoi ne marchais-tu pas à mes côtés ?" Et le Seigneur m'a répondu : "Mon enfant, les jours où tu ne vois qu'une trace sur le sable, ce sont les jours où je t'ai porté." »

D'après Adémar de Barros

Dinard, la « Nice du Nord », lieu de villégiature élégant.

30
septembre

Les chemins du Goëlo et de la Côte d'Émeraude

« Que sont sirènes ? Sont richesses de ce monde.
La mer montre ce monde, la nef : gens qui y sont.
Le nautonier, c'est l'âme et la nef c'est le corps.
Sachez que font souvent les riches de ce monde
Pécher l'âme en son corps – nautonier dans sa nef –
L'âme en péché s'endort, pour ensuite périr. »

Philippe de Thaun
(adaptation de Paul Eluard)

Le petit port de Dinan, sur la Rance.

TABAC
BRASSERIE

1er octobre

Les chemins de Saint-Malo au Mont-Saint-Michel

« Je me lève en ce jour dans l'énergie des Cieux :
lumière du soleil, éclat de la lune, splendeur du feu,
vitesse de l'éclair, rapidité du vent, profondeur de la mer,
stabilité de la terre, fermeté du roc. »

Incantation protectrice attribuée à saint Patrick
(recueillie par Jean Markale)

« Tout change en Bretagne, sauf la mer qui ne change jamais parce qu'elle change toujours. »

Chateaubriand

Plage du Sillon à Saint-Malo,
« couronne de pierre posée sur les flots »
(Gustave Flaubert).

2 octobre

Les chemins de Saint-Malo au Mont-Saint-Michel

« Dieu nous rend souvent visite, mais la plupart du temps nous ne sommes pas chez nous. »

Maître Eckhart

« On ne peut choisir qu'entre Dieu et l'idolâtrie. Il n'y a pas d'autre possibilité. Car la faculté d'adoration est en nous et elle est dirigée quelque part dans ce monde ou dans l'autre. »

Simone Weil

Boîte d'un artiste-peintre travaillant devant la Rance et la tour Solidor, à Saint-Servan.

3 octobre

Les chemins de Saint-Malo au Mont-Saint-Michel

« Je dois me taire jusqu'au jour
Je n'ai rendez-vous qu'avec l'aube
La nuit m'appelle à son secours
La nuit s'appuie sur mon épaule
Et me chante à mots de velours
Son deuil de toutes les étoiles.

Je ne suis pas fils des ténèbres
Je ne salis pas le matin
Je suis d'écume et de lumière
Et j'accompagne mon destin
A la rencontre de mes frères
Brûlant sur leurs soleils éteints… »

Antony Lhéritier

Grande rosace de la cathédrale Saint-Vincent, à Saint-Malo, dont les couleurs éclatent dans l'obscurité.

4 octobre

Les chemins de Saint-Malo au Mont-Saint-Michel

«… Et quand, prenant ma butte en guise d'oreiller,
Une ondine viendra gentiment sommeiller
Avec moins que rien de costume,
J'en demande pardon par avance à Jésus,
Si l'ombre de ma croix s'y couche un peu dessus
Pour un petit bonheur posthume… »

Georges Brassens

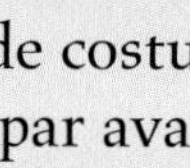

Sur l'île du Grand-Bé, face au large
et aux portes de Saint-Malo,
repose François-René de Chateaubriand.

5 octobre

Les chemins de Saint-Malo au Mont-Saint-Michel

« C'était un homme. Je l'ai bien connu. Il m'a tout appris. C'est à lui que je dois de savoir que l'amour précède la lumière et que c'est dans la mesure où nous sommes en Dieu que nous pouvons espérer, si peu que ce soit, habiter nos propres cavernes. »

Charles Le Quintrec

Marc Bougnères, fabricant de modèles réduits de voiliers ; ici avec la réplique du *Renard*, le cotre-corsaire de Surcouf.

6
octobre

Les chemins de Saint-Malo au Mont-Saint-Michel

« Je vais me préparer – sans entrain ! – pour la fête
De ce soir : sur le pont, lampions, danse, romances
(Je dois accompagner miss Roseway qui quête

– Fort gentiment – pour les familles des marins
Naufragés ! Oh, qu'en une valse lente, ses reins
À mon bras droit, je l'entraîne sans violence

Dans un naufrage où Dieu reconnaîtrait les siens… »

Henry J.-M. Levet

Les remparts et la plage de Bon Secours à Saint-Malo.

BAR du SOLEIL
ARPS

7 octobre

Les chemins de Saint-Malo au Mont-Saint-Michel

« Tous mes jours sont des adieux. »

Chateaubriand

« Aux carrefours, les vieux christs qui gardaient la campagne, étendaient leurs bras noirs sur les calvaires, comme de vrais hommes suppliciés, et, dans le lointain, la Manche se détachait en clair, en grand miroir jaune sur un ciel qui était déjà obscurci par le bas, déjà ténébreux vers l'horizon. »

Pierre Loti

Calvaire au crépuscule sur le Sillon, Saint-Malo.

8

octobre

Les chemins de Saint-Malo au Mont-Saint-Michel

« J'ai tout aimé. Et ma sagesse fut d'aimer follement. Comment croire que Dieu n'existe pas quand au large de mon pays se dresse l'infini de la mer ? Comment croire que Dieu n'est pas quand sous le coup d'un mortel malheur crie un enfant dans la ville fermée ? Dieu, je n'ai cherché que Lui dans le silence du désert, dans le verre de l'absinthe, dans le lit des plaisirs. Combien m'a-t-il fallu de jours pour mettre un nom sur cette soif et sur cette insatisfaction ! »

Xavier Grall

Le môle des Noires et la cité enclose de Saint-Malo.

9 octobre

Les chemins de Saint-Malo au Mont-Saint-Michel

« Rien ici-bas ne peut être notre patrie. On le sent de plus en plus. Ou plutôt, il n'y en a pas d'autre que la main toute miséricordieuse de Dieu qui nous porte. »

Geneviève de Gaulle Anthonioz

Le chœur de la cathédrale Saint-Vincent de Saint-Malo.

10
octobre

Les chemins de Saint-Malo au Mont-Saint-Michel

« Eh bien, tous ces marins – matelots, capitaines,
Dans leur grand océan à jamais engloutis…
Partis insoucieux pour des courses lointaines
Sont morts – absolument comme ils étaient partis.

Allons ! c'est leur métier ; ils sont morts dans leurs bottes !
Leur *boujaron* [ration d'eau de vie] au cœur, tout vifs dans leurs capotes…
— Morts… Merci : la Camarde a pas le pied marin ;
Qu'elle couche avec vous : c'est votre bonne femme… »

Tristan Corbière

L'Étoile-Molène double le feu des Noires en partance de Saint-Malo.

11 octobre

Les chemins de Saint-Malo au Mont-Saint-Michel

« Pour ne pas nous effaroucher
tu viens du fond de ton absence.
Furtivement tu passes.
Rien ne peut davantage
nous toucher que pareil effleurement.
Si tu n'étais intensément caché,
te chercherais-je en moi
d'une attente aussi languissante ? »

Gilles Baudry

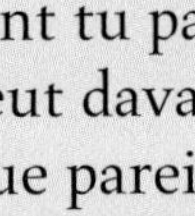

Vitraux ex-voto des naufragés en mer,
Saint-Suliac-sur-Rance.

12
octobre

Les chemins de Saint-Malo au Mont-Saint-Michel

« *Lectio divina* – On me manie pas le Livre, non, on n'y met pas la main ; on ne fait pas sur Lui le coup de main : on le touche seulement ; en en touche un mot. Touche après touche, mot après mot, jour après jour. Et le Livre, l'Ancien des livres vit de son usure même, de son usage par tant de mains humaines, depuis le temps, qui le caressent sans jamais l'abîmer. »

François Cassingena-Trévedy

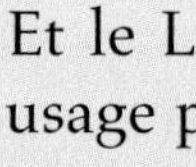

M. Duquesnoy, de la librairie du Môle, et sa petite-fille, à Saint-Malo.

LES RELIGIONS DU MONDE
L'Encyclopédie HACHETTE
Mimi se lève très tôt
Le soleil brille déjà et
la journée à la ferme
va être magnifique.
DICTIONNAIRE VISUEL VU
POUR TOUS

13
octobre

Les chemins de Saint-Malo au Mont-Saint-Michel

« Partir ! Le monde est là au bord du bleu.
Nos figures de proue dans l'air iodé se lavent.
Chaque vague sera labourée par le soc de nos étraves.
Que la folie nous guide
 aveugles
Sur les chemins d'exode et d'exil !
Nous voulons posséder non le sol réel mais ces îles
 plus belles d'être imaginées […]

Ô terre d'eau d'air et de feu :
Notre Terre qui êtes aux cieux ! »

Marc Alyn

Le Renard, réplique du cotre-corsaire de Surcouf, une figure légendaire de la cité corsaire.

14 octobre

Les chemins de Saint-Malo au Mont-Saint-Michel

« Qui a accompli le Tro Breiz a droit, nous rappelle la sagesse bretonne, à sa part de Paradis. Un Paradis que l'on sent si proche, en ces soirs abrégés de l'arrière-saison, quand la fumée d'un feu de fanes monte avec une rigueur de colonne, et quand au ciel s'amassent des nuages caillebottés comme les dahlias et les chrysanthèmes, d'où s'épanche, amère, obstinée, l'odeur des suprêmes floraisons. »

Florian Le Roy

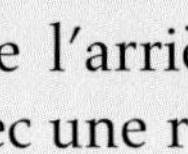

La cathédrale Saint-Samson de Dol-de-Bretagne.

15
octobre

Les chemins de Saint-Malo au Mont-Saint-Michel

« Bienheureux les fêlés car ils laisseront passer la lumière. »

Michel Audiard

« Le cœur de Dieu, c'est là seulement qu'on peut rester silencieux et meurtri. »

Geneviève de Gaulle Anthonioz

Verrière de la cathédrale de Dol : saint Samson et l'édifice.

16
octobre

Les chemins de Saint-Malo au Mont-Saint-Michel

« L'homme est en une perpétuelle curiosité de voir autour de lui, de ses propres yeux, l'effet de ce qu'il prononce, de ce qu'il produit, de ce qu'il est, comme si cet effet seul à la fin le rassurait dans le sentiment de sa propre existence. Mais pour chacun de nous viendra un jour où nous devrons consentir, non seulement à ne plus voir l'effet de nos œuvres, mais à n'en plus produire aucune. Alors nous serons réduits à notre plus simple expression, qui est notre naturelle pauvreté. »

François Cassingena-Trévedy

17
octobre

Les chemins de Saint-Malo au Mont-Saint-Michel

« La miséricorde du Christ est sans exclusion. Il est venu dans ce monde, pour sauver non pas quelques hommes, mais tous les hommes ; il a eu pour chacun d'eux une goutte de sang.
Mais les petits, les faibles, les humbles, les pauvres, tous ceux qui souffraient, il les aimait d'un amour de prédilection.
Son cœur battait sur le cœur du peuple, et le cœur du peuple battait sur son cœur.
Et c'est là, sur le cœur du Christ, que les peuples malades se raniment, et que les peuples opprimés reçoivent la force de s'affranchir.
Malheur à ceux qui s'éloignent de lui, qui le renient ! »

Félicité de Lamennais

La Chênaie, manoir de Félicité de Lamennais.

18

octobre

Les chemins de Saint-Malo au Mont-Saint-Michel

«… Ceux qui souffrent dans leur argent
Quand ils rencontrent des ruffians
Ceux qui souffrent dans leur orgueil
Y'a plusieurs sort' de portefeuilles

Avare impayé
Banquier dépouillé
Prodigue fauché
Magot éventré

Ministre déchu
Artiste inconnu
Soldat prisonnier
Voleur délesté… »

Gwenn-Aël Bolloré

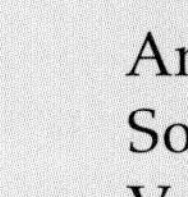

Vierge des terre-neuvas,
Saint-Suliac-sur-Rance.

19 octobre

Les chemins de Saint-Malo au Mont-Saint-Michel

«… Ceux qui souffrent dans leur chair
Ou dans la chair de leur chair

Sanglant Prométhée
Ombres déportées
Douleur d'une mère
Marie du Calvaire

Ceux qui souffrent dans leur âme
Sueur de sang et se pâment
Et ne sont qu'un cœur
Prêt à sangloter
Pour rien, à toute heure
Parce qu'ils ont aimé

TOUS CEUX-LA SONT MES FRÈRES
EN DIEU ET SUR LA TERRE. »

Gwenn-Aël Bolloré (suite et fin)

Rennes, maison ancienne
de la place Sainte-Anne.

PUB Sainte ANNE

20
octobre

Les chemins de Saint-Malo au Mont-Saint-Michel

« Il [saint Pierre] est le pasteur confirmé du troupeau
mais il n'a pas besoin qu'un ange le soufflette
pour rester humble. Il lui suffit d'entendre
le coq chaque matin. »

Jean-Pierre Lemaire

Figure d'ange au jardin du Thabor, à Rennes.

21
octobre

Les chemins de Saint-Malo au Mont-Saint-Michel

« De l'oraison – Dans la salle d'attente de Dieu, nous sommes livrés à nous-même, ou plutôt, en attendant Dieu, nous risquons de nous livrer à nous-même, par distraction, par démission, par facilité, au lieu qu'il faudrait nous livrer tout de bon à l'attente et nous appliquer, si inconfortable qu'il nous soit, à ce grand Vide providentiel. »

François Cassingena-Trévedy

Nef de la cathédrale Saint-Pierre de Rennes.

22
octobre

Les chemins de Saint-Malo au Mont-Saint-Michel

« Un soir, j'irai dormir. Bonsoir !
Bonsoir, vous que j'ai tant aimés,
Et puis bientôt bonjour, peut-être,
Premier regard à la fenêtre
Dans l'aube étonnée de paraître
Sur un monde ni vieux ni noir.
Bonjour comme chant d'alouette
Fusant dans l'air vif et léger,
Tous mes vrais amis retrouvés,
Mes amis d'enfant, de poète,
Mains vers moi tendues, l'âme en fête,
Et vivants pour l'éternité… »

Paul-Alexis Robic

Détail d'une maison du quartier ancien de Rennes.

RUE
E LA PSALLETTE
AISON DU XVe. SIÈCLE

23

octobre

Les chemins de Saint-Malo au Mont-Saint-Michel

«… Ce qu'on fut sur cette planète
Petits Sisyphe, gros rochers,
Lents jours gris et pauvres défaites,
Cette longue si longue quête,
D'impossibles félicités,
Un sourire et c'est oublié !
Un sourire et la vie commence,
La vraie vie, l'aube enfin levée.
Le printemps sans fin de l'enfance,
Et ces cloches claires qui chantent
Éperdues : Vacances ! Vacances !
Et soleil à perpétuité ! »

Paul-Alexis Robic (suite et fin)

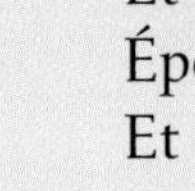

Chapelle du Verger, chère aux Terre-Neuvas, Saint-Coulomb.

24
octobre

Les chemins de Saint-Malo au Mont-Saint-Michel

« Marie Léon Rougelot
mort en mer le 2 mai 1875
s'était mis sous votre protection
Ô Marie vous l'avez conduit pendant sa vie
Et soutenu à son heure dernière
Recevez ici le témoignage
De notre soumission et de notre reconnaissance. »

Ex-voto

Peinture ex-voto dans la chapelle du Verger.

L'équipage en péril fait un voeu à N-D du Verger

25
octobre

Les chemins de Saint-Malo au Mont-Saint-Michel

« J'avance aujourd'hui
Dans la puissance du ciel,
Dans l'éclat du soleil,
Dans la pureté de la neige,
Dans la splendeur du feu,
Dans la fulgurance de l'éclair,
Dans la vitesse du vent,
Dans la fermeté du rocher.
J'avance aujourd'hui
Dans la main de Dieu. »

Prière irlandaise

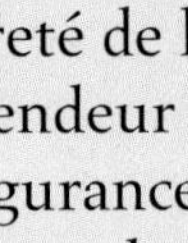

Pointe du Grouin, Cancale.

26 octobre

LES CHEMINS DE SAINT-MALO AU MONT-SAINT-MICHEL

« *Dies illa* – À la fin, nous comparaîtrons devant Dieu. Nous comparaîtrons les uns avec les autres. Mais nous comparaîtrons aussi les uns aux autres, à cause de cette entière clarté, enfin, qui se fera en nous. Nous nous ferons Jour les uns aux autres, et ce sera là notre mutuel Bonjour, expression, non de nos lèvres seulement, mais de notre être tout entier. »

François Cassingena-Trévedy

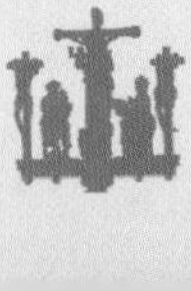

Cathédrale de Dol-de-Bretagne, détail du porche sud.

27
octobre

Les chemins de Saint-Malo au Mont-Saint-Michel

« La miséricorde, mes Divines, est une grande dame silencieuse et forte, une sorte de paysanne aux manches retroussées, aux mains vigoureuses, telle est la dame de Pitié. Et quelle colère dans ce cœur qui se déchire, et quelle révolte dans ces yeux qui contemplent les peines et les tribulations. Cette Dame-là n'a jamais fini de travailler. Elle croit au monde et à la vie puisqu'elle n'en finit pas d'en atténuer les imperfections et d'en calmer les sanglots. »

Xavier Grall

À bord du *Renard*,
régate avec l'*Étoile-Molène*.

28
octobre

Les chemins de Saint-Malo au Mont-Saint-Michel

« Je poussai un cri d'étonnement. Une baie démesurée s'étendait devant moi, à perte de vue, entre deux côtes écartées se perdant au loin dans les brumes ; et au milieu de cette immense baie jaune, sous un ciel d'or et de clarté, s'élevait sombre et pointu un mont étrange, au milieu des sables. [...] Après plusieurs heures de marche, j'atteignis l'énorme bloc de pierres qui porte la petite cité dominée par la grande église. Ayant gravi la rue étroite et rapide, j'entrai dans la plus admirable demeure gothique construite pour Dieu sur la terre. »

Guy de Maupassant

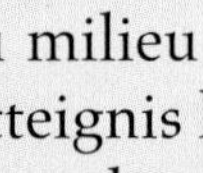

Pèlerins traversant la baie du Mont-Saint-Michel.

29
octobre

Les chemins de Saint-Malo au Mont-Saint-Michel

« Ce sont les pauvres, surtout, et les pèlerins qu'on entourera le plus d'attentions parce que c'est principalement en leur personne que l'on reçoit le Christ. Pour les riches, en effet, la crainte de leur déplaire porte d'elle-même à les honorer. »

Règle de saint Benoît

Bénédiction des pèlerins en partance,
église du Mont-Saint-Michel.

30
octobre

Les chemins de Saint-Malo au Mont-Saint-Michel

« J'étais hier au Mont-Saint-Michel. Ici, il faudrait entasser les superlatifs d'admiration, comme les hommes ont entassé les édifices sur les rochers et comme la nature a entassé les rochers sur les édifices. »

Victor Hugo

« Au bilan de ma vie, je constate que, à mesure que l'expérience de mon néant se faisait plus radicale, mûrissait chaque fois la réponse d'un amour plus vrai. Je crois que l'anéantissement dernier, la mort, sera aussi la porte définitivement ouverte à l'amour. »

Sœur Emmanuelle

Bientôt, le mont redeviendra l'île sacrée des temps anciens.

31
octobre

Les chemins de Saint-Malo au Mont-Saint-Michel

« Ils ne voient pas encore, mon Dieu, que tout ici est sable mouvant, à part Toi. »

Etty Hillesum

« Il s'agit toujours de se déplanter. "Ne craignez pas." Tout le mouvement de la Bible est là depuis Abraham : *Exi,* Sors. Toute église sera toujours invitée à quitter son lieu. Si je ne m'en vais pas, l'Esprit ne viendra pas. »

Jean Sulivan

Ombre du mont sur les sables de la baie.

1er novembre

Les chemins des Marches de Bretagne

« Je sais que tu m'as inventée
Que je suis née de ton regard
Toi qui donnais lumière aux arbres
Mais depuis que tu m'as quittée
Pour un sommeil qui te dévore
Je m'applique à te redonner
Dans le nid tremblant de mes mains
Une part de jour assez douce
Pour t'obliger à vivre encore. »

Hélène Cadou

La fée Mélusine, détail d'un vitrail de l'église Saint-Sulpice de Fougères.

ERES A NOTRE-DAME DES MARAIS SA PROTE

2

novembre

Les chemins des marches de Bretagne

« Il n'y a pas un royaume des vivants et un royaume des morts, il n'y a que le Royaume de Dieu, vivants ou morts, et nous sommes dedans. »

Georges Bernanos

« Dieu ne nous dépouille que pour entendre une fois encore ce "oui" qu'il ne cessera jamais de nous mendier jusqu'à l'ultime dépouillement de la mort. »

Geneviève de Gaulle Anthonioz

Croix du cimetière à Maure-de-Bretagne.
Au pied du calvaire, la Vierge et saint Jean.

3
novembre

Les chemins des marches de Bretagne

« J'ai vu ses yeux de fougère s'ouvrir le matin sur un monde où les battements d'ailes de l'espoir immense se distinguent à peine des autres bruits qui sont ceux de la terreur et, sur ce monde, je n'avais vu encore que des yeux se fermer. »

André Breton

« Une civilisation entre en décadence lorsqu'on y a moins le souci du beau que du bizarre. »

Voltaire

Fougères royales, jardin de Saint-Sulpice.

4

novembre

LES CHEMINS DES MARCHES DE BRETAGNE

« Vous me demandez quel est le bonheur suprême ici-bas ? C'est d'écouter la chanson d'une petite fille qui s'éloigne après vous avoir demandé son chemin. »

Li Po

« J'aime mieux être faible que fort devant Dieu parce que les forts, il les prend par la main alors que les faibles, Il les prend dans ses bras. »

Saint François de Sales

Petite fille dans une rue de Fougères.

5
novembre

Les chemins des marches de Bretagne

« Conduis-moi,
ô très douce Lumière,
Dans les ombres qui m'environnent
Conduis-moi,
La nuit est sombre et je suis loin de mon foyer,
Conduis-moi,
Je ne demande pas à voir les horizons lointains,
Un seul pas à la fois, c'est assez pour moi,
Conduis-moi,
ô très douce lumière. »

John Henry Newman

Mur peint représentant saint Christophe,
chapelle Saint-Nicolas de Vitré.

6
novembre

Les chemins des marches de Bretagne

« Les choses que nos contemporains semblent juger importantes déterminent l'exact périmètre de l'insignifiance : les actualités, les prix, les cours en Bourse, les modes, les bruit de la fureur, les vanités individuelles. Je ne veux savoir des êtres que je rencontre ni l'âge, ni le métier, ni la situation familiale : [...] tout cela m'est clair à la seule manière dont ils ont ôté leur manteau. Ce que je veux savoir, c'est de quelle façon [...] ils comblent le vide entre les grands rendez-vous de l'enfance, de la vieillesse et de la mort, et comment ils supportent de n'être pas tout sur cette terre. »

Christiane Singer

Une rue du quartier ancien de Vitré.

LA GOURMANDISE
CREPERIE
XVI
GRILL

7
novembre

Les chemins des marches de Bretagne

« Et alors, Seigneur, c'est pour toujours ? Ça va durer longtemps que Tu m'oublies et que Tu détournes de moi la figure ? […] Ça va durer toujours qu'on me marche dessus ? Regarde-moi, écoute-moi tout de même un petit peu, Seigneur mon Dieu ! […] Mais je n'ai pas perdu espoir dans cette chose qu'on appelle Ta miséricorde.
À l'idée de ton salut mon cœur a comme pris des ailes ! Ce Seigneur Dieu qui m'a fait du bien, vers Lui il est sorti de moi un chant ! il est sorti de moi une espèce de chant de et de poème vers le Très Élevé ! »

Psaume 12 (traduit par Paul Claudel)

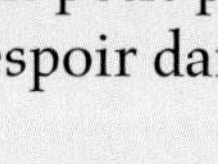

Fontaine du théâtre, à Fougères.

8
novembre

Les chemins des marches de Bretagne

« Il faut absolument toucher Jésus-Christ. Il faut absolument saisir Jésus-Christ par quelque part, ne serait-ce que par la frange de son manteau [*cf.* Mt 9,20-21]… La frange de son manteau, c'est l'Église ; la frange de son manteau, c'est chacun de nous, par lequel il est saisissable un jour, qui sait, par quelque étranger, par quelque égaré qui Le cherche. La frange du manteau est sale, évidemment, et pleine de poussière et de boue. Mais si sales que nous soyons, nous sommes la traîne de Jésus-Christ, et pour ceux qui ne L'ont pas encore touché, Jésus-Christ n'est saisissable que par nous. »

François Cassingena-Trévedy

Saint Thomas. Peinture récemment découverte (XV- XVIe siècles) dans la chapelle Saint-Nicolas de Vitré.

9

novembre

Les chemins des Marches de Bretagne

« Je respire le même air qui fut celui de mon premier souffle. Sans doute cette première gorgée d'un certain air dans un certains coin du monde fonde-t-elle pour toujours l'intimité de chacun de nous avec son vieux pays. »

Jean Guéhenno

« Il ne faut jamais rencontrer les gens qu'on déteste parce qu'on finit par les aimer. »

Oscar Wilde

Rue du quartier ancien de Vitré.

Crêperie
Pizzéria
Glacier
LA GOURMANDISE
CREPERIE
RESTAURANT
Patrick
MARCHAND
99.74.64.54

10
novembre

Les chemins des marches de Bretagne

« Préférer les lieux sauvages aux lieux communs. »

Sylvain Tesson

« À force d'encadrer la dérive, on finit par dériver avec le cadre. »

Jean-Marie Le Méné

Jardin fleuri près de l'église Saint-Léonard.

11 novembre

Les chemins des marches de Bretagne

« Un chrétien qui a compris que chaque être disgracié, malheureux, malade, abandonné, est, non pas l'image, mais l'envoyé du Christ – et non pas son envoyé mais Lui-même, celui-là vient de comprendre d'un coup le christianisme tout entier. Reste à le vivre, ou, comme la majorité des chrétiens, à le mimer, de bonne foi ou non. On trouve hélas plus de bonne foi que de foi en chrétienté. »

Gilbert Cesbron

Vitrail de la Vierge couronnée en la basilique Notre-Dame de La-Guerche-de-Bretagne.

1536

12
novembre

Les chemins des marches de Bretagne

« Celui qui croit tenir debout, qu'il prenne garde de tomber. »

Paul de Tarse
(1re Épître aux Corinthiens)

« Les Grecs ont pris Troie parce qu'ils ont essayé. »

Théocrite

Bâti sur un éperon rocheux,
le château de Vitré domine la ville.

13

novembre

Les chemins des marches de Bretagne

« Seigneur, je ne te demande que deux choses, ne me les refuse pas avant que je meure ! Éloigne de moi le mensonge et la fausseté, ne me donne ni la pauvreté ni la richesse : accorde-moi seulement de subsister. Car dans l'abondance, je pourrais te renier en disant : "Le Seigneur n'existe pas." Et, dans la misère, je pourrais devenir un voleur, et profaner ainsi le nom de mon Dieu. »

Livre des Proverbes 30, 6-9

Saint Yves entre le riche et le pauvre, vitrail moderne en la chapelle Saint-Nicolas de Vitré.

14 novembre

Les chemins des marches de Bretagne

« Ne pleure pas si tu m'aimes !
Si tu savais le don de Dieu et ce que c'est que le Ciel ! [...]
Si tu pouvais voir se dérouler sous tes yeux
les horizons et les champs éternels, les nouveaux sentiers où je marche !
Si un instant, tu pouvais contempler, comme moi,
la Beauté devant laquelle toutes les beautés pâlissent !...
Quoi ? tu m'as vue, tu m'as aimée dans le pays des ombres, et tu ne pourrais ni me revoir, ni m'aimer encore dans le pays des immuables réalités ?... »

Saint Augustin

Entrée du château de Vitré.

15

novembre

Les chemins des marches de Bretagne

«… Crois-moi, quand la mort viendra briser tes liens comme elle a brisé ceux qui m'enchaînaient, et quand un jour que Dieu connaît et qu'Il a fixé, ton âme viendra dans le Ciel où l'a précédée la mienne, ce jour-là tu reverras celle qui t'aimait et qui t'aime encore, tu retrouveras son cœur, et tu en retrouveras ses tendresses épurées.
Essuie tes larmes, et ne pleure plus si tu m'aimes ! »

Saint Augustin (suite et fin)

Fenêtre fleurie dans une ruelle de Vitré.

16
novembre

Les chemins des marches de Bretagne

« Annonciation, Visitation, Chandeleur, Agonie, Couronnements… Notre vie est toute consignée de Mystères : lorsque nous ne nous portons pas vers eux pour les repasser en notre cœur, ils se portent vers nous tout seuls, pour que nous en passions par eux, quoi qu'il en coûte. »

François Cassingena-Trévedy

Vierge sur un mur de Vitré.

17
novembre

Les chemins des marches de Bretagne

« [...] La Bretagne n'a jamais été conquise. Le traité qui la fait entrer dans la mouvance franque fut appelé d'union. Ne croirait-on pas – mais les mots sont là pour le dire – un mariage de raison entre un prince tout-puissant paré de fleurs de lis et une bergère de noble extrace coiffée d'hermines ? »

Charles Le Quintrec

« La voilà, la blanche hermine !
Vivent la mouette et l'ajonc !
La voilà, la blanche hermine !
Vivent Fougères et Clisson ! »

Gilles Servat

Blason de la Bretagne au fronton du grand théâtre de Fougères.

A
MA
VIE

18
novembre

Les chemins des marches de Bretagne

« Seul un moi vulnérable peut aimer son prochain. »

Emmanuel Levinas

« Chaque jour, avoir la mort devant les yeux. »

Saint Benoît

Barque au repos sur les berges de la Vilaine.

19
novembre

Les chemins des Marches de Bretagne

« Pour accueillir l'Évènement et connaître le fond de l'Histoire, il faut s'interdire tout fait divers : la Vierge Marie n'avait chez elle aucun journal de mode ni aucun roman-feuilleton ; elle ne meublait ses longues heures que de Celui qui lui arrivait sans cesse. »

François Cassingena-Trévedy

Statue en bois de la Vierge (XVIIe siècle), objet d'une dévotion très ancienne et toujours d'actualité.
Collégiale de La Guerche-de-Bretagne

20 novembre

Les chemins des marches de Bretagne

« On est seulement ce que l'on peut
On est rarement ce que l'on croit
Et sitôt on se pense un Dieu
Sitôt on reçoit une croix
Et la vie est si fragile… »

Luc de Larochellière

21 novembre

Les chemins des marches de Bretagne

« Seigneur, très simplement,
je voudrais te remercier
de toutes tes bontés ;
de ne pas m'avoir donné
trop de qualités,
moins encore de vertus.
Ainsi, lorsque je tombe,
c'est toujours d'assez bas.
C'est préférable, n'est-ce pas ? »

Guy Ganachaud

Sonneur de bombarde, détail d'une stalle, collégiale de La Guerche-de-Bretagne.

22
novembre

Les chemins des marches de Bretagne

« Quand je sens l'amertume plisser mes lèvres, quand bruine dans mon âme un humide novembre et que je me surprend à faire halte, malgré moi, devant les marchands de cercueils, à me glisser dans le premier cortège funèbre que je croise, et, surtout, quand la noire mélancolie me tient si fort que seul un robuste sens moral peut m'empêcher de descendre d'un pas décidé dans la rue et d'envoyer méthodiquement valser les chapeaux des passants – alors, j'estime nécessaire de m'embarquer sans délai. D'autres auraient recours à un pistolet chargé. [...] Moi, tranquillement, je lève l'ancre. »

Hermann Melville

En remontant la Vilaine avant Redon.

288

23
novembre

Les chemins des marches de Bretagne

« “Je veux mieux te connaître, dit un jour Taliesin à Cadoc. Dis-moi quel genre d'homme tu es.” Et le sage Cadoc répondit à Taliesin : “Tu dois le savoir mieux que moi, car tu entends derrière mon dos dire de moi ce qui n'est jamais parvenu à mes oreilles. C'est ceux qui nous entourent qui peuvent le mieux juger de quelqu'un, car ni moi ni personne d'autre ne peut savoir toute la vérité sur ce qui le concerne.” »

Jean Markale

Chapelle et château des Rochers-Sévigné,
demeure de la marquise.

24
novembre

LES CHEMINS DES MARCHES DE BRETAGNE

« Ne permets pas aux événements de la vie quotidienne de t'enchaîner.
Mais ne te soustrais jamais à eux. »

Huang-po

25

novembre

Les chemins des marches de Bretagne

« Si tu veux marcher droit, emprunte les voies les plus tortueuses, les plus insolites, les plus impropres à la vitesse, et tu trouveras ton voyage à toi, secret et impartageable.
Les choses indicibles, qu'elles restent indicibles. Il faut bien quelque chose à *soustraire* au fleuve de mots qui nous inonde.
« Plus tu avances, moins tu connais », dit Lao Tseu. Certes, il faut avoir tout perdu, s'être dépouillé de tout, avant de se disposer à recevoir un rayon de la Grâce. »

Vincent La Soudière

Saint Georges en la chapelle Saint-Nicolas de Vitré.

26
novembre

Les chemins des marches de Bretagne

« Il faut dépenser le mépris avec une grande économie, à cause du grand nombre de nécessiteux. »

« Je remontai la chaussée de l'étang ; je vis les roseaux de mes hirondelles, le ruisseau du moulin et la prairie ; je jetai un regard sur le château. Alors, comme Adam après son péché, je m'avançai sur la terre inconnue ; le monde était tout devant moi : "*And the world was all before him.*" »

Chateaubriand

Château de Combourg.

27
novembre

Les chemins des marches de Bretagne

« Je suis ce roi maudit et cet enfant frondeur
Pardonne-moi, Dieu des Astres, tous mes blasphèmes :
Si ma viole grince et fausse le Poème
C'est qu'il manque à mon jeu une Reine de Cœur.

Passé grondant comme un orage qui s'éloigne
Les herses de l'averse assaillent l'horizon.
Si Tu veux m'accorder l'entière guérison
J'ai besoin qu'une étoile en chemin m'accompagne… »

Robert Moreau

Découverte de la statue de Notre-Dame-des-Marais, vitrail de l'église Saint-Sulpice de Fougères.

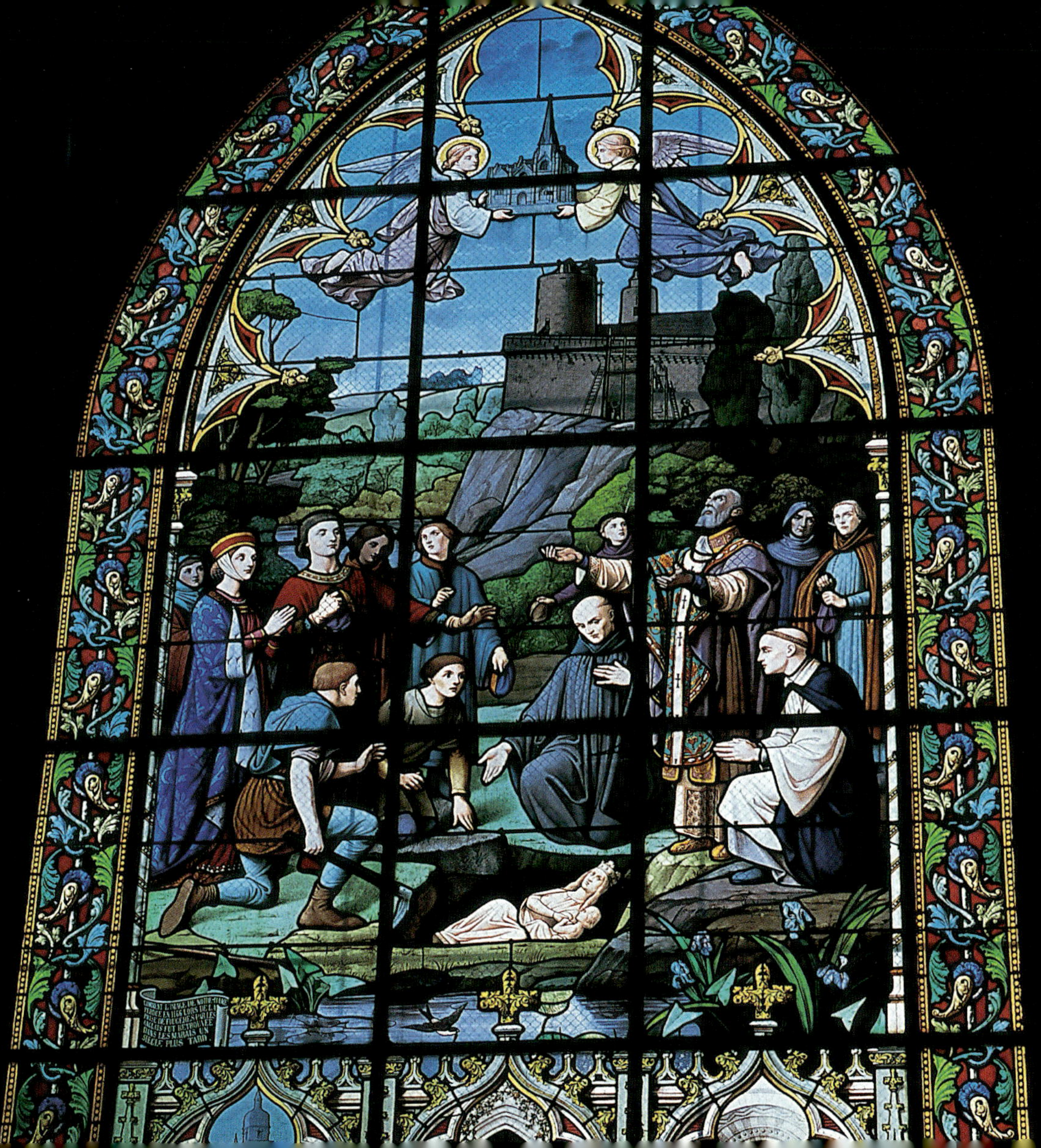
PERDUE EN 1166 LORS DE LA
PRISE DE FOUGERES PAR LES
ANGLAIS FUT RETROUVEE
DANS LES MARAIS UN
SIECLE PLUS TARD.

28

novembre

Les chemins des marches de Bretagne

«… Dieu planté plus profond que plaintes et tourment
Tu descends à tâtons dans la ténèbre humaine ;
De la houle au cœur Tu sais trouver la veine,
Le diamant qui brille aux mains du mendiant.

Au fond des mers Tu fis sonner l'écho des harpes
Et le rivage s'ouvre en dentelles d'ogive ;
Tu allumes les îles, les bulles de la carpe
Le cyprès, l'ypréau et son collier d'eaux vives… »

Robert Moreau (suite)

Harpiste celtique.

29

novembre

Les chemins des marches de Bretagne

«… Dieu de Simon, comment Te rendre témoignage
Mieux que la mer, Tu te retires, Tu éludes…
De tant de formes dissemblables, Dieu de Jude
Comment veux-Tu que je rassemble Ton visage ?

Donne-moi Ton regard ouvert sur le grand large
Pur et profond, et jailli de la joie des îles ;
Que ma parole soit ce pain que l'on partage
Le pain d'amour multiplié de l'Évangile. »

Robert Moreau (suite et fin)

30
novembre

Les chemins des marches de Bretagne

« Là où est ton trésor, là sera aussi ton cœur. »

Évangile selon saint Mathieu 6,21

« Je suis au monde où toute chose visible
Est un geste de Ta bénédiction…
Un jour commence, pareil à tous les jours,
Y respirer est Te Louer. »

Pierre Emmanuel

Tour romane de l'abbatiale Saint-Sauveur de Redon.

1er décembre

Les chemins de l'Atlantique, de Nantes et de la Brière

« L'Église du Christ ressemble aux belles sauvages : elle n'est imposante et splendide que nue. »

Gilbert Cesbron

« Comme l'intérieur de Dieu est nu ! Rien qu'un Crucifix sur le Mur ! »

François Cassingena-Trévedy

Chœur de la cathédrale de Nantes.

2
décembre

Les chemins de l'Atlantique, de Nantes et de la Brière

« Un homme avait décidé de se jeter dans le fleuve. Il avait emporté une bouteille d'alcool et a commencé à en boire un peu. Et comme cela ne lui donnait toujours pas assez de courage, il en a bu encore un peu. Finalement il est retourné chez lui, la bouteille vide sous le bras. »

Le Dalaï-lama

Les bords de l'Erdre, « la plus belle rivière de France », selon Henri IV.

3
décembre

Les chemins de l'Atlantique, de Nantes et de la Brière

« Se taire : l'avancée en solitude, loin de dessiner une clôture, ouvre la seule et durable et réelle voie d'accès aux autres, à cette altérité qui est en nous et qui est dans les autres comme l'ombre portée d'un astre solaire, bienveillant. »

Christian Bobin

« Je marche vers Dieu à reculons, je tomberai en Lui à la renverse ! »

Gustave Thibon

4
décembre

Les chemins de l'Atlantique, de Nantes et de la Brière

« N'était la mort, la mort effective ou préméditée, notre mort et celle d'autrui, nous demeurerions en une plaisanterie perpétuelle et il ne nous viendrait jamais à l'idée, sans doute, de nous diriger vers une certaine profondeur des choses ni de nous-même. C'est notre limite même qui, paradoxalement, révèle notre dimension véritable ; la fin nous donne le fond, ce fond seul par lequel nous sommes proprement infini. »

François Cassingena-Trévedy

Figure du tombeau du duc François II
et de Marguerite de Foix, cathédrale de Nantes.

5
décembre

Les chemins de l'Atlantique, de Nantes et de la Brière

« Est-il vrai qu'il y ait au-delà des nuages
Une demeure pleine de voix très chères
Des soirs penchés sur les tables amies
Et des rencontres tout comme dans cette vie ? »

Hélène Cadou

« Pour un mariage heureux, il faut plus de deux personnes. »

Oscar Wilde

Château des ducs de Bretagne, Nantes.

6
décembre

Les chemins de l'Atlantique, de Nantes et de la Brière

« Regard à jeun,
bénir l'heure où la sève
est rendue à la terre,
au repos des ors et des ombres
sur la berge.
Avoir un ciel à raconter.
Aller pieds nus
dans le plus jeune
de ses jours

et s'enivrer de gratitude. »

Gilles Baudry

Berges du canal de Nantes à Brest.

7
décembre

Les chemins de l'Atlantique, de Nantes et de la Brière

« J'ai revu la vieille ville de mon adolescence
et la maison où j'écoutais gronder le flot de l'avenir
qui n'a jamais de cesse et toujours recommence.
Tant de ciels migrateurs se sont-ils dispersés
Que je ne retrouve sous mes pas qu'une poussière fanée
Et, au fond de mon cœur, des voix si basses qu'il faut prêter l'oreille
pour les reconnaître ?... »

Michel Manoll

8

décembre

Les chemins de l'Atlantique, de Nantes et de la Brière

«… Les saisons naufragées errent, flocons de suie
Et je ne suis qu'un étranger qui erre et cherche le nom des ruelles ;
Il ne reste de moi que ce que j'apporte aujourd'hui,
Je ne rencontrerai même pas quelqu'un qui se retournera, en disant :
"C'est l'enfant d'autrefois qui chantait dans la nuit."
J'ai revu la gare et, dans les rangs de ceux qui attendent,
de grands espaces vides
Et la main de ma mère qui me fait signe dans la salle des pas perdus de la mort.
Tout est trop triste ici, l'air est semé d'embruns… »

Michel Manoll (suite)

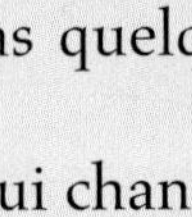

Gisant du duc François II,
cathédrale de Nantes.

9 décembre

Les chemins de l'Atlantique, de Nantes et de la Brière

«… Mon nom s'est effacé sur le livre de bord,
Le falot s'est éteint à l'avancée du jour.

Alors détache-moi de ces ombres traquées
Que nul ne peut rejoindre et ne peut délivrer
Et cherche dans le flux de l'aube qui s'avance
L'impalpable pollen des lointaines années.»

Michel Manoll (suite et fin)

Proue d'une péniche sur l'Erdre.

Masséna

10 décembre

Les chemins de l'Atlantique, de Nantes et de la Brière

« Bancs de sable de nos mémoires
Grains chancelants du souvenir,
Vous vous racontez des histoires
Par peur de l'avenir.

Quand la déferlante effiloche
Les rêves qu'on gardait profond,
Nous faisons des trous dans les poches
Par où nos promesses s'en vont.

Quand nos canevas se démaillent,
Laissant tous leurs fils emmêlés,
On entend les échos qui raillent
Le peu que nous avons été. »

Yves La Prairie

Crépuscule sur les marais salants
de Guérande.

11 décembre

Les chemins de l'Atlantique, de Nantes et de la Brière

« Des jours viennent où, pour ce qui regarde ce à quoi nous pouvons nous attendre de la part de l'homme, nous n'aurons même plus le cœur le matin, peut-être, à nous lever. Mais si désolés que nous soyons de ce côté-là et dussions-nous nous lever sur les champs des ruines que l'homme aura laissées après soi, nous nous lèverons encore tout de même, pour nous étonner de Dieu ; car "il est un espoir encore, peut-être, et les tendresses de Dieu ne sont pas finies" (Luc 3, 29 et 22). »

François Cassingena-Trévedy

« La paludière », statue de Jean Fréour, à Batz-sur-Mer.

12

décembre

Les chemins de l'Atlantique, de Nantes et de la Brière

« Ce qui se passera de l'autre côté,
Quand tout pour moi
Aura basculé dans l'éternité,
Je ne le sais pas.
Je crois, je crois seulement
Qu'un Amour m'attend… »

Sœur Geneviève

Église Saint-Guénolé, à Batz-sur-Mer.

13
décembre

Les chemins de l'Atlantique, de Nantes et de la Brière

«… Je sais pourtant qu'alors il me faudra faire,
Pauvre et sans poids,
Le bilan de moi.
Mais ne pensez pas que je désespère.
Je crois, je crois tellement
Qu'un Amour m'attend… »

Sœur Geneviève (suite)

14
décembre

Les chemins de l'Atlantique, de Nantes et de la Brière

«… C'est dans un Amour que je descends doucement.
Si je meurs, ne pleurez pas :
C'est un Amour qui me prend.
Si j'ai peur – et pourquoi pas ? –
Rappelez-moi simplement
Qu'un amour, un Amour m'attend. »

Sœur Geneviève (suite et fin)

Marais salants de Guérande.

15
décembre

Les chemins de l'Atlantique, de Nantes et de la Brière

« J'ai pris mon âme à deux mains et j'ai essayé de la soulever :
Seigneur, j'ai confiance en Toi, c'est trop facile de me faire honte
De faire rire les gens de moi. Ceux qui tiennent à Toi mordicus,
tout de même je sais qu'ils finiront par s'en sortir à la fin,
Eux, pas les autres ! on leur fera la nique, aux autres !
Montre-moi la route, marche devant moi, Seigneur, pour que je voie comment Tu fais. »

Psaume 24
(traduit par Paul Claudel)

Paludière : mur peint à Batz-sur-Mer.

16
décembre

Les chemins de l'Atlantique, de Nantes et de la Brière

« Mais ce soir où je suis assis près de ma femme
Dans une maison d'école comme autrefois
Je ne sais rien que toi. Je t'aime comme on aime
Sa vie dans la chaleur d'un regard d'avant soi. »

René Guy Cadou

Chaumière brièronne.

17
décembre

Les chemins de l'Atlantique, de Nantes et de la Brière

« Poussière et cendre,
un rien, l'humain,
malgré le verdoiement des tombes.
Mais après tant de jours obscurs
à désherber l'absence,
cette brûlante certitude :
les morts ont déposé leurs corps
dans l'arrière-saison d'eux-mêmes.
Ils ont choisi le ciel
pour terre d'élection. »

Gilles Baudry

Statue de saint Jacques, à Fégréac.

18
décembre

Les chemins de l'Atlantique, de Nantes et de la Brière

« Il nous fallut convaincre le passeur
consentir à l'obole.
Les fougères nous guidaient
et des clartés furtives
déjouaient les ornières.

Une fois qu'il eut écarté toutes ténèbres
et rétabli le ciel dans sa face visible
chacun se reconnut et grandit dans son choix. »

Alain Lemoigne

Barques du marais brièron.

19

décembre

Les chemins de l'Atlantique, de Nantes et de la Brière

« Dis, mon grand
Si grand qu'il me semble sombrer dans ta barbe d'écume ;
Dis, mon grand si grand que me voici néant,
Vaine fourmi près d'un géant,
Dis, mon grand,
J'ose, moi le veilleur à la proue du vieux monde,
T'implorer pour ceux qui labourent ton onde. »

Saint-Pol Roux

Grande plage de la côte atlantique.

20

décembre

Les chemins de l'Atlantique, de Nantes et de la Brière

« Il n'y a qu'un problème, un seul de par le monde. Rendre aux hommes une signification spirituelle. Des inquiétudes spirituelles. Faire pleuvoir sur eux quelque chose qui ressemble à un chant grégorien. Si j'avais la foi, il est bien certain que, passé cette époque de "job nécessaire et ingrat", je ne supporterais plus que Solesme. On ne peut plus vivre de frigidaires, de politique, de belote et de mots croisés, voyez-vous ! On ne peut plus. »

Antoine de Saint-Exupéry

Abbaye de la Meilleraye.

21
décembre

Les chemins de l'Atlantique, de Nantes et de la Brière

« Vous n'avez qu'un jour à passer sur la terre ; faites en sorte de le passer en paix.
La paix est le fruit de l'amour ; car, pour vivre en paix, il faut savoir supporter bien des choses.
Nul n'est parfait, tous ont leurs défauts ; chaque homme pèse sur les autres, et l'amour seul rend ce poids léger.
Si vous ne pouvez supporter vos frères, comment vos frères vous supporteront-ils ? »

Félicité de Lamennais

Les moines de l'abbaye de la Meilleraye chantant l'office de complies avant la nuit.

22
décembre

Les chemins de l'Atlantique, de Nantes et de la Brière

« *Roue ar stêriou, at Yang Tsé*
Da veneier e riblou a lare :
Perag e rankan-me beza dindan ho sell,
Ha me galloudusoh egedoh ?
Hag ar meneier a respontas :
Abalamour ne rit-c'hwi nemed tremen.

War ar Yang-Tsé »

« Le roi des fleuves, le Yang Tsé,
Disait aux montagnes de ses rives :
Pourquoi faut-il que je sois sous vos regards,
Moi qui suis plus puissant que vous ?
Et les montagnes répondirent :
C'est parce que vous ne faites que passer.

Sur le Yang-Tsé »

Pierre-Jakez Hélias

Balade en kayac sur l'Erdre.

23
décembre

Les chemins de l'Atlantique, de Nantes et de la Brière

« Tout ce que je puis te dire
À cause de tant de murs,
Tout cela qui s'accumule
Autour de nous dans la nuit,
Il faudra bien que tu l'entendes
Lorsqu'il ne restera de moi
Que moi-même, à tes yeux caché. [...]
Cet amour noir comme la mer
Où venaient mourir les étoiles
Et ce sillage de lumière
Que je suivais sur ton visage,
Tout ce qu'autrefois nous taisions,
Moi qui criais dans le silence,
Tout ce que j'ai pu te dire
Le sauras-tu, sur l'autre bord,
Quand nous dormirons bouche à bouche
Dans l'éternité sans paroles ? »

Louis Guillaume

Couronne de mariée, maison de la Mariée, île de Fedrun, Grande-Brière.

24
décembre

Les chemins de l'Atlantique, de Nantes et de la Brière

« À toi la paix des vagues qui murmurent
À toi la grande paix de la brise qui souffle,
À toi la grande paix de la terre tranquille,
À toi la grande paix des astres scintillants,
À toi la grande paix des ombres de la nuit,
Et que t'éclairent sans faillir la lune et les étoiles,
À toi la grande paix du Christ, le Fils de la Paix. »

Prière écossaise

Crépuscule sur un ponton
près de Bourgneuf-en-Retz.

25
décembre

Les chemins de l'Atlantique, de Nantes et de la Brière

« Quand Dieu passa sur terre, on ne se soucia guère de lui. »

« Laisse tout ce que tu as pour pouvoir emporter tout. »

Angelus Silesius

Vierge à l'Enfant, église de Basse-Goulaine.

26
décembre

Les chemins de l'Atlantique, de Nantes et de la Brière

« Oui, cette joie, cette jubilation, c'est bien cela le pouvoir de la Foi. Ah, que mes mots chantent, qu'exultent mes signes comme le Midi au vitrail des chapelles. Quelle clameur ce sera quand nous pourrons glorifier le grand Amant. Chaque chrétien est prince en son royaume. Déjà, corps et âme, chacun et chacune, nous voilà engagés dans la chorégraphie de l'éternité. Et la gloire du soleil n'approche pas notre gloire puisqu'elle est aveugle. Et l'éclat des étoiles est moins vif que le nôtre puisque c'est un éclat qui se perd. Mes filles, sachez louer la joie et celui qui la donne. »

Xavier Grall

Église Notre-Dame, à Clisson.

27
décembre

Les chemins de l'Atlantique, de Nantes et de la Brière

« Voilà que les choses n'ont plus peur de toi :
les arbres viendraient te manger dans la main
avec les nuages, les tourterelles,
comme les oiseaux écoutaient François,
le bec levé, l'œil rond.
Tu ne portes pas la robe de bure
mais elle habille enfin ton cœur
pour vivre en pensée aux genoux des autres
après un noviciat qui s'est prolongé
jusqu'à la vieillesse. »

Jean-Pierre Lemaire

Château de La Groulais,
ancienne demeure des Rohan.

28
décembre

« Ce serait une monstruosité que de prétendre goûter dans la prière à l'essentielle et infinie quiétude de Dieu, sans partager en même temps son inquiétude, tout aussi essentielle et infinie ; sans ressentir, plus forte que les sédiments accumulés de notre indifférence, cette irradiation de la souffrance, de toutes les souffrances humaines les plus lointaines, les plus subtiles ou les plus animales ; sans se révéler tendre à cette vibration de toutes les croix qui font la Croix et qui affectent au plus profond les profondeurs divines. »

François Cassingena-Trévedy

Calvaire de Jean Fréour, à Nozay.

29
décembre

Les chemins de l'Atlantique, de Nantes et de la Brière

« "Seigneur, tu connais le privilège de cette rivière : personne ne peut la traverser, et il n'y a pas de pont dessus. Quel est ton avis pour un pont ?" "Je n'en vois pas d'autres que celui-ci : que celui qui est chef soit pont. C'est moi qui serai le pont." C'est alors, pour la première fois, que ce propos fut tenu, et aujourd'hui encore il sert de proverbe. Il se couche par-dessus la rivière ; on jeta des claies sur lui, et les troupes traversèrent son corps. »

Branwen, fille de Llyr

Pont de Saint-Nazaire.

30 décembre

Les chemins de l'Atlantique, de Nantes et de la Brière

« Il pardonnera aux bons comme aux méchants, aux sages comme aux simples. Et, lorsqu'il en aura fini avec tous, il nous parlera à nous aussi : "Approchez, les ivrognes, les impudiques, vous êtes des porcs, mais approchez quand même." Alors les sages et les intelligents diront : "Comment Seigneur, vous les accueillez aussi ceux-là ?" Et il répondra : "Je les accueille, ô sages et intelligents, parce que pas un d'entre eux ne s'est jugé digne d'être accueilli !" Et il nous ouvrira ses bras et nous pleurerons [...]. Alors nous comprendrons tout, et tous comprendront, Seigneur, que votre règne arrive ! »

Fiodor Dostoïevski

Domaine de la Garenne-Lemot, à Clisson.

31

décembre

Les chemins de l'Atlantique, de Nantes et de la Brière

« Que le Seigneur te bénisse et te garde !
Que le Seigneur fasse briller sur toi ton visage, qu'il se penche vers toi !
Que le Seigneur tourne vers toi son visage, qu'il t'apporte la paix ! »

Livre des Nombres

Légendes des photos en couverture et doubles pages d'ouverture

Couverture
Calvaire de l'église Saint-Mélar, village de Locmélar, Finistère.

Janvier
Le Hêtre de Ponthus en forêt de Brocéliande.

Février
La côte sauvage, presqu'île de Quiberon.

Mars
L'oratoire de la chapelle Sainte-Barbe, Le Faouët.

Avril
Arrivée du pèlerinage du Tro Breiz à Quimper.

Mai
La chapelle Saint-They à la Pointe du Van.

Juin
Île Vierge, pointe de Saint-Hernot, presqu'île de Crozon.

Juillet
La chapelle Saint-Samson, sur la lande de Landunvez.

Août
Fontaine du Coq, Bulat-Pestivien.

Septembre
Éclairage vespéral sur la façade romane de la basilique Saint-Sauveur de Dinan.

Octobre
Pèlerins traversant la baie du Mont-Saint-Michel le jour de la fête du saint.

Novembre
Les remparts de Fougères, « ville qui devrait être pieusement visitée par les peintres » (Victor Hugo).

Décembre
Château de la Bretesche en Missillac, Loire-Atlantique.

Remerciements

Nos remerciements les plus vifs :

À François Cassingena-Trévedy, auteur des lumineuses *Étincelles 1* et *Étincelles 2* (Ad Solem), pépites qui émaillent ce « pavé ».

À son ami poète et frère bénédictin Gilles Baudry, de l'abbaye de Landévennec (édité par Rougerie).

À Charles Le Quintrec, l'aïeul défricheur et déchiffreur, père des anthologies *Poètes de Bretagne* (La Table ronde) et *Littératures de Bretagne* (Ouest-France).

À Sylvain Tesson, écrivain explorateur et auteur des savoureux *Aphorismes sous la lune* (Équateurs).

À Xavier Grall (1930-1981), que j'ai pillé avec allégresse.

À Françoise Grall, son épouse, qui m'ouvrit les portes de leur maison de Bossulan, lors d'une visite à l'improviste, il y a quelques années.

À Mireille Guillemot, des éditions Calligrammes, qui nous a permis de reproduire de nombreux textes.

À Martine Fages de Trémazan et à Joël Loiselet de Kerbabu, pour leurs traductions.

À Séverine Courtaud, pour sa patience et sa disponobilité.

REMERCIEMENTS ET CRÉDITS

Nos remerciements vont à tous les auteurs cités dans cette anthologie, et à leurs éditeurs qui nous ont donné l'autorisation de reproduire certains de leurs textes, tout particulièrement :

Les éditions Seghers, pour des textes de René Guy Cadou tirés de :
Les Visages de la solitude, in *Poésie la vie entière, Œuvres poétiques complètes* © Seghers : 1er janvier.
Les Biens de ce monde, in *Poésie la vie entière, Œuvres poétiques complètes* © Seghers : 2, 3, 4, 5, 6 juin, 16 décembre.
Hélène ou le règne végétal, in *Poésie la vie entière, Œuvres poétiques complètes* © Seghers : 29 septembre.

Les éditions Ouest-France, pour un texte de Jean Markale tiré de *Littératures de Bretagne* de Charles Le Quintrec © Ouest-France : 5 janvier.

Les éditions Calligrammes, pour des textes de Xavier Grall tirés de :
Solo © Calligrammes : 9 et 10 avril, 28 juillet,
L'inconnu me dévore © Calligrammes : 8 janvier, 8, 11 et 19 février, 22 avril, 15 et 22 mai, 1er juillet, 28 août, 26 septembre, 8 et 27 octobre, 26 décembre,
Les vents m'ont dit © Calligrammes : 25 janvier, 29 avril.

Les éditions Albin Michel, pour des textes de Jean Markale tirés de *Paroles celtes*, Jean Markale © Éditions Albin Michel, 1996 : 16 et 28 avril, 1er juin, 14 août, 1er octobre, 23 novembre, 29 décembre.

Les éditions Emgleo Breiz, pour des textes de Pierre-Jakez Hélias tirés de :
« *Kanenn Dolly Pentraeth* », « Le Chant de Dolly Pentraeth », extrait de *Ar Mên du/La Pierre Noire*, Emgleo Breiz, 1974 : 17 et 18 juillet,
« *Gin* », « Humeur », extrait de *An Tremen-Buhez/Le Passe-Vie*, Emgleo Breiz/Le Signor, 1979 : 22 décembre.

Remerciements et crédits

Les éditions Gallimard :
Pour des textes de Max Jacob tirés de :
« Quimper » in *Le Laboratoire central* © Éditions Gallimard : 4 avril et 1er septembre (extraits), *Derniers Poèmes en vers et en prose* © Éditions Gallimard : 5 avril (« Connaissez-vous Maître Eckhart ? ») et 29 juillet (extraits),
« La Révélation » in *La Défense de Tartuffe* © Éditions Gallimard : 4 mai (extrait),
« La roue du moulin » in *Poèmes de Morven le Gaëlique* © Éditions Gallimard : 7 et 8 juin.
Pour le texte d'Antoine de Saint-Exupéry tiré de « Lettre au général X » in *Un sens à la vie* © Éditions Gallimard : 20 décembre.

Les mandataires de l'œuvre de Paul Claudel pour des textes de Paul Claudel tirés de *Psaumes 1918-1953* © Éditions Gallimard : 28 janvier, 29 juin, 11 juillet, 31 août, 15 septembre, 7 novembre et 15 décembre.

Toutes les photographies de cet ouvrage sont d'Yvon Boëlle, excepté celles des 23 et 25 janvier, 11 mai, 1er, 5, 6, 14, 17, 19, 22 et 31 juillet, 1er, 10, 16 et 29 août, 3 et 17 septembre, 2 octobre et 31 décembre, de Luc Adrian, et celles des 3 avril, 6 et 9 mai, 20 juillet et 27 août, du musée des Beaux-Arts de Quimper.
Retrouvez les ouvrages d'Yvon Boëlle sur son site : **www.yvon-boelle.com**

Dans la même collection

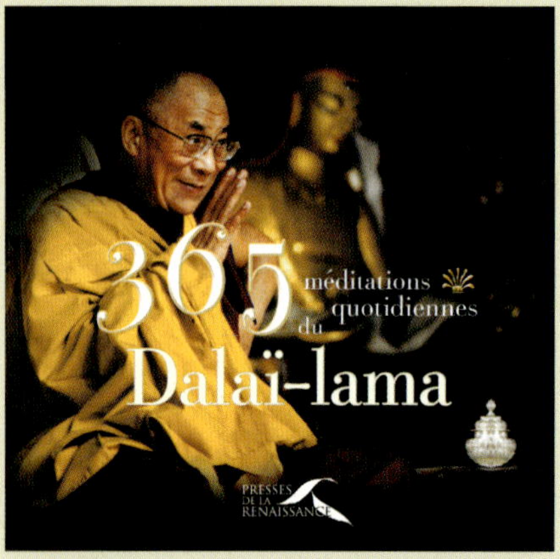

ISBN : 978-2-7509-0134-9

ISBN : 978-2-7509-0245-2

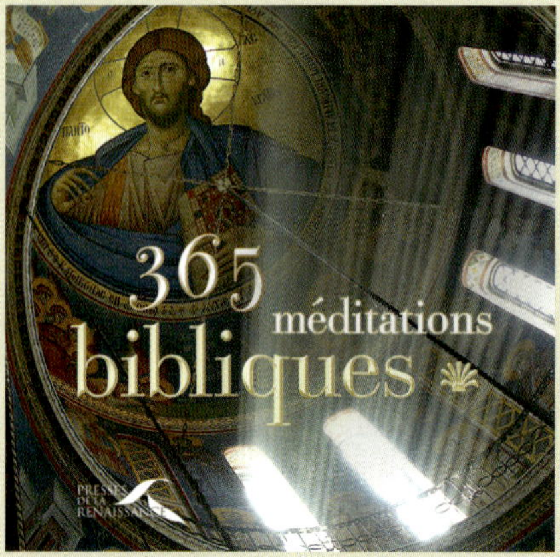

ISBN : 978-2-7509-0155-4

ISBN 978-2-7509-0325-1

DANS LA MÊME COLLECTION

ISBN 978-2-7509-0435-7

ISBN 978-2-7509-0513-2

ISBN 978-2-7509-0511-8

Pour en savoir plus
sur les Presses de la Renaissance
(catalogue complet, auteurs, titres,
extraits de livres, revues de presse,
débats, conférences...),
vous pouvez consulter notre site Internet :

www.presses-renaissance.com

Maquette et photogravure :
Nord Compo, Villeneuve-d'Ascq

Dépôt légal : octobre 2009
Imprimé en Espagne par Gráficas Estella
N° d'éditeur : R00522